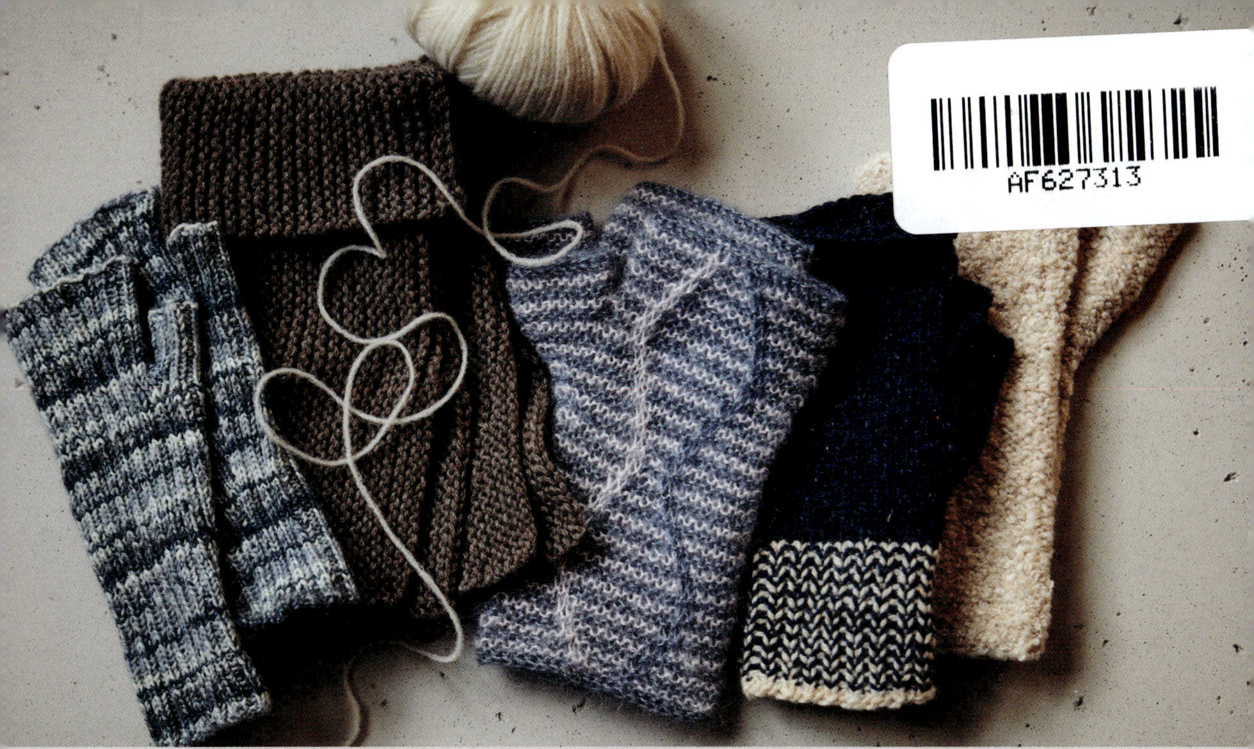

Stulpen sind mehr als nur ein wärmendes Accessoire für die Hände. Sie sind Handschmeichler, die nicht nur vor Kälte schützen, sondern auch die Persönlichkeit unterstreichen. Wir haben uns von tollen Farben und Formen inspirieren lassen, um Stulpen zu kreieren, die jedem Look das gewisse Etwas verleihen und jedes Outfit aufwerten.

In diesem Buch haben wir drei Designerinnen uns zusammengetan und zeigen eine schöne Mischung aus Designs, die durch die individuelle Handschrift einer jeden von uns entstanden sind. Von Zopf- bis Strukturmustern, mehrfarbig gestrickt oder unter Verwendung von Boucle- und feinen Kaschmirgarnen – jeder findet mindestens ein Lieblingsmodell.

Egal, ob als Anfänger:in oder erfahrene Stricker:in, wir sind zuversichtlich, dass das Buch für jeden etwas bietet, das die Leidenschaft für das Stricken von Stulpen entfacht.

Wir wünschen viel Freude beim Entdecken, Ausprobieren und Gestalten eigener Stulpen!

Viel Spaß beim Stricken!

Dagmar, Imke und Kristin

Kuscheliger Kaschmir-Traum

klassisch glatt rechts

GRÖSSEN

S/M: Umfang ca. 16 cm, Länge ca. 27 cm

M/L: Umfang ca. 18 cm, Länge ca. 27 cm

Die Angaben für Größe S/M stehen vor dem Schrägstrich, für Größe M/L danach. Steht nur eine Angabe, gilt diese für beide Größen.

MATERIAL

- Kremke Soul Wool Eco Cashmere Fingering (LL 112 m/25 g) in Stahlgrau meliert (Fb 03), 50 g
- Nadelspiel 3,0 mm
- Maschenmarkierer
- Wollnadel

MASCHENPROBE

Glatt rechts mit Nd 3,0 mm
26 M und 36 Rd
= 10 cm x 10 cm

Glatt rechts

In Rd alle M rechts str.

Anleitung

40/48 M auf dem Ndspiel 3,0 mm anschl (= 10/12 M pro Nd). Die Arbeit zur Rd schließen und den Rd-Beginn mit 1 MM kennzeichnen.
Für die Kante 2 Rd linke M str. Glatt rechts weiterstr bis zu einer Gesamthöhe von 15 cm.

Daumenloch

Nun das Daumenloch wie folgt in Hin- und Rückr str:
1. R: Rechte M str bis Rd-Ende, d. h. 1.-4. Nd, die Arbeit wenden.
2. R: Linke M str bis R-Anfang, d. h. 4.-1. Nd, die Arbeit wenden.
Die 1. und 2. R noch 5x wdh.

Hand

Die Arbeit wieder zur Rd schließen und in Rd glatt rechts weiterarb bis 8 cm ab fertigem Daumenloch.
2 Rd linke M str.
Alle M locker abk.

Fertigstellen

Alle Fadenenden vernähen. Die Stulpen anfeuchten, in Form bringen und trocknen lassen.

Meine Tipps für Sie

Daumenloch Für ein größeres oder kleineres Daumenloch entsprechend mehr oder weniger Wiederholungen der 1. und 2. Reihe arbeiten.
Länge anpassen Die Länge des Armteils und der Hand kann ebenfalls individuell angepasst werden: Einfach ganz nach Wunsch mehr oder weniger Runden stricken.

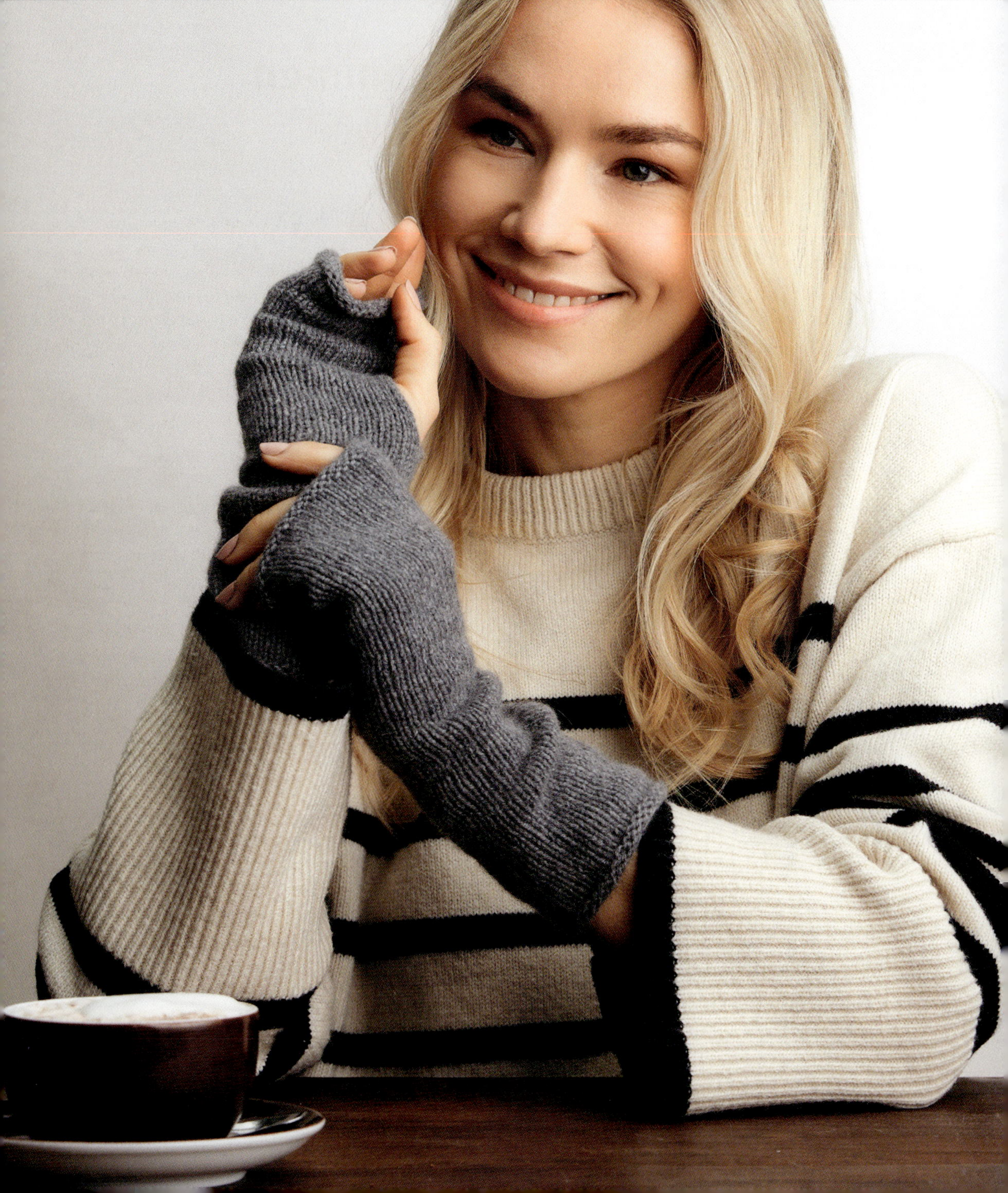

Der Herbst kann kommen

Handstulpen mit plastischem Muster

GRÖSSEN

S/M: Umfang ca. 16 cm, Länge ca. 20 cm

M/L: Umfang ca. 18 cm, Länge ca. 22 cm

Die Angaben für Größe S/M stehen vor dem Schrägstrich, für Größe M/L danach. Steht nur eine Angabe, gilt diese für beide Größen.

MATERIAL

- BC Garn Semilla Cablé (LL 145 m/50 g) in Argan Oil (Fb 013), 50 g
- Rundstricknadel 4,0 mm, mind. 60 cm lang, oder Nadelspiel 4,0 mm
- Zopfnadel
- 4 Maschenmarkierer
- Wollnadel

MASCHENPROBE

Glatt links in Rd mit Nd 4,0 mm 22 M und 32 Rd = 10 cm x 10 cm, gewaschen und gespannt

STRICKSCHRIFT

Vorlagenbogen A

Glatt links

In Rd alle M links str.

Bündchenmuster

Für die rechte Handstulpe: 1 M links, 1 M rechts verschränkt im Wechsel str.
Für die linke Handstulpe: 1 M rechts verschränkt, 1 M links im Wechsel str.

Noppe

1 Noppe: Aus der folgenden M 5 M herausstr (abwechselnd 1 M rechts, 1 M rechts verschränkt), dann nacheinander die 4., 3., 2., und 1. Masche über die 5. Masche ziehen.

Zugmaschen

2M rdr: 1 linke M auf der Zopfnd hinter die Arbeit legen, 1 M rechts verschränkt str, dann die M der Zopfnd links str.
2 M ldr: 1 rechte M auf der Zopfnd vor die Arbeit legen, 1 M links str, dann die M der Zopfnd rechts verschränkt str.

Anleitung

Rechte Handstulpe

40/46 M mit der Rundstricknd oder dem Ndspiel 4,0 mm in einer elastischen Technik (z. B. dem altdeutschen oder norwegischen Anschlag) anschl. Die Arbeit zur Rd schließen und den Rd-Beginn mit 1 MM kennzeichnen. 12 Rd im Bündchenmuster str. In der letzten Rd weitere 3 MM platzieren: einen nach 12/14 M, einen nach weiteren 12/14 M und einen nach weiteren 13 M (= 3/5 M vor Rd-Ende).
Nächste Rd: Im Bündchenmuster str bis MM, MM abheben, linke M str bis zum nächsten MM, MM abheben, 13 M nach der Strickschrift str, MM abheben, linke M str bis Rd-Ende.
Diese Rd bis zu einer Gesamthöhe von 6/7 cm stets wdh.

Zunahmen für den Daumen

1. Rd: Im Bündchenmuster str bis MM, MM abheben, 1 ML zunehmen, linke M str bis zum nächsten MM, MM abheben, 13 M nach der Strickschrift str, MM abheben, linke M str bis Rd-Ende (= 1 M zugenommen).
2. Rd: Im Bündchenmuster str bis MM, MM abheben, linke M str bis zum nächsten MM, MM abheben, 13 M nach der Strickschrift str, MM abheben, linke M str bis Rd-Ende.
Die 1. und 2. Rd noch 11x/13x wdh (= 52/60 M).

Daumen

1. Rd: Im Bündchenmuster str bis MM, 4 M durch Aufschlingen neu anschl, die übrigen 40/46 M bis Rd-Ende auf einem Maschenraffer oder einem Hilfsfaden stilllegen, die Arbeit zur Rd schließen (= 16/18 M für den Daumen).
Über die 16/18 M im Bündchenmuster in Rd str, bis die gewünschte Daumenhöhe (ca. 3-4 cm) erreicht ist. Die M mustergemäß locker abk.

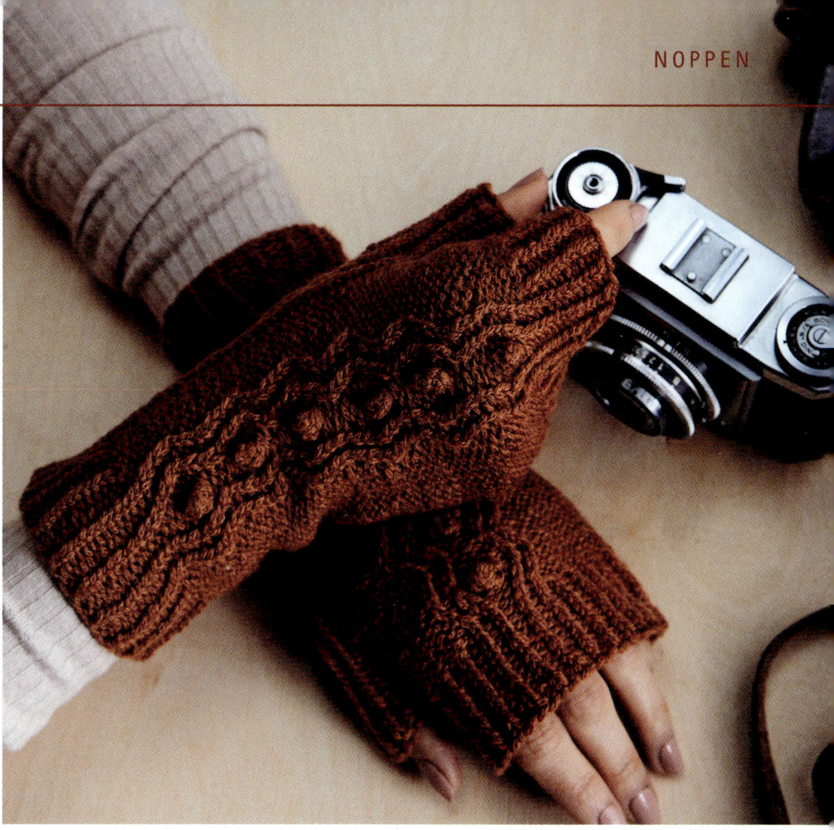

Hand

Die stillgelegten 40/46 M für die Hand wieder in Arbeit nehmen, aus den 4 neu angeschlagenen M je 1 M sowie vor und nach diesen M je 1 M aufnehmen, damit keine unschönen Löcher entstehen (= 6 M aufgenommen); in der Mitte der 6 neu aufgenommenen M 1 MM für den neuen Rd-Beginn platzieren.
In Rd glatt links weiterstr, dabei zwischen den vorderen 2 MM das Zopfmuster gemäß Strickschrift weiterarb.
Wenn die Hand die gewünschte Höhe bis zum Beginn des oberen Bündchens erreicht hat, nach einer 8. Rd der Strickschrift zum Bündchenmuster wechseln und die M so einteilen, dass die rechts verschränkten M ins Bündchenmuster übergehen.
12 Rd im Bündchenmuster str, dann alle M mustergemäß locker abk.

Linke Handstulpe

40/46 M mit der Rundstricknd oder dem Ndspiel 4,0 mm in einer elastischen Technik anschl. Die Arbeit zur Rd schließen und den Rd-Beginn mit 1 MM kennzeichnen. 12 Rd im Bündchenmuster str. In der letzten Rd weitere 3 MM platzieren: einen nach 3/5 M, einen nach weiteren 13 M und einen nach weiteren 12/14 M (= 12/14 M vor Rd-Ende).
Nächste Rd: Linke M str bis MM, MM abheben, 13 M nach der Strickschrift str, MM abheben, linke M str bis MM, MM abheben, im Bündchenmuster str bis Rd-Ende.
Diese Rd bis zu einer Gesamthöhe von 6/7 cm stets wdh.

Zunahmen für den Daumen

1. Rd: Linke M str bis zum MM, MM abheben, 13 M nach der Strickschrift str, MM abheben, linke M str bis zum nächsten MM, 1 MR zunehmen, MM abheben, im Bündchenmuster str bis Rd-Ende (= 1 M zugenommen).
2. Rd: Linke M str bis MM, MM abheben, 13 M nach Strickschrift arb, MM abheben, linke M str bis zum nächsten MM, MM abheben, im Bündchenmuster str bis Rd-Ende.
Die 1. und 2. Rd noch 11x/13x wdh (= 52/60 M).

Daumen

1. Rd: Alle M (und 2 MM) bis zum 3. MM auf einem Maschenraffer oder einem Hilfsfaden stilllegen. Die restlichen 12/14 M auf die andere Nadelspitze schieben, 4 M durch Aufschlingen neu anschl und die Arbeit zur Rd schließen (= 16/18 M für Daumen)
Über die 16/18 Daumen-M im Bündchenmuster in Rd str, bis die gewünschte Daumenhöhe (ca. 3-4 cm) erreicht ist. Die M locker mustergemäß abk.

Hand

Die Hand str, wie bei der rechten Handstulpe beschrieben.

Fertigstellen

Alle Fadenenden vernähen. Die Stulpen waschen, nach den angegebenen Maßen spannen (z. B. auf einem Handtuch oder einem Sockenspanner) und trocknen lassen.

Schmeichelndes Zopfmuster

aus kuscheliger Alpakawolle

GRÖSSE
S/M: Umfang ca. 16 cm, Länge ca. 25 cm

M/L: Umfang ca. 18 cm, Länge ca. 25 cm

Die Angaben für Größe S/M stehen vor dem Schrägstrich, für Größe M/L danach. Steht nur eine Angabe, gilt diese für beide Größen.

MATERIAL

- LangYarns Baby Alpaca (LL 170 m/50 g) in Altrosa dunkel (Fb 719.0148), 50 g
- LangYarns Lace (LL 310 m/25 g) in Altrosa (Fb 9920048), 25 g
- Nadelspiel 4,0 mm
- Zopfnadel 4,0 mm
- Maschenmarkierer
- Wollnadel

MASCHENPROBE
Im Zopfmuster in Rd mit Nd 4,0 mm und je 1 Faden beider Garne 27,5 M und 30 Rd = 10 cm x 10 cm

STRICKSCHRIFTEN
Vorlagenbogen A

Bündchenmuster

1 M rechts, 1 M links im Wechsel str.

Zopfmuster

In Rd bzw. R nach den Strickschriften für die jeweilige Größe str. Es sind alle Rd bzw. Hin- und Rückr gezeichnet. Die Strickschrift in jeder Rd bzw. R 2x arb und die 1.–8. R gemäß Anleitung wdh.

Hinweis: **Die Stulpen werden mit doppeltem Faden – je 1 Faden beider Garnqualitäten – gestrickt.**

Anleitung

44/56 M auf dem Ndspiel 4,0 mm mit je 1 Faden beider Garne anschl (= 11/14 M pro Nd). Die Arbeit zur Rd schließen und den Rd-Beginn mit dem MM kennzeichnen.
2 Rd im Bündchenmuster str.
Im Zopfmuster in Rd nach der Strickschrift für die gewählte Größe weiterstr, dabei die Strickschrift innerhalb der Rd 2x arb und die 1.–8. Rd insgesamt 5x str.
Für das Daumenloch in Hin- und Rückr die 1.–8. R der Strickschrift 1x str.
Dann die Arbeit wieder zur Rd schließen und die 1.–8. Rd noch 3x str.
Alle M locker mustergemäß abk.

Fertigstellen

Alle Fadenenden vernähen. Die Stulpen anfeuchten, in Form bringen und trocknen lassen.

Meine Tipps für Sie

Länge anpassen Die Länge des Armteils und der Hand kann individuell angepasst werden: Einfach entsprechend mehr oder weniger Musterrapporte stricken.
Daumenloch Für ein größeres oder kleineres Daumenloch mehr oder weniger Reihen gemäß Strickschrift stricken und dann an der jeweiligen Stelle wieder in Runden nach der Strickschrift weiterarbeiten.
Garn und Farben Bei diesen Stulpen lässt sich wunderbar mit Garnen und Farben spielen. Haben Sie Mut zu außergewöhnlichen Kombinationen!

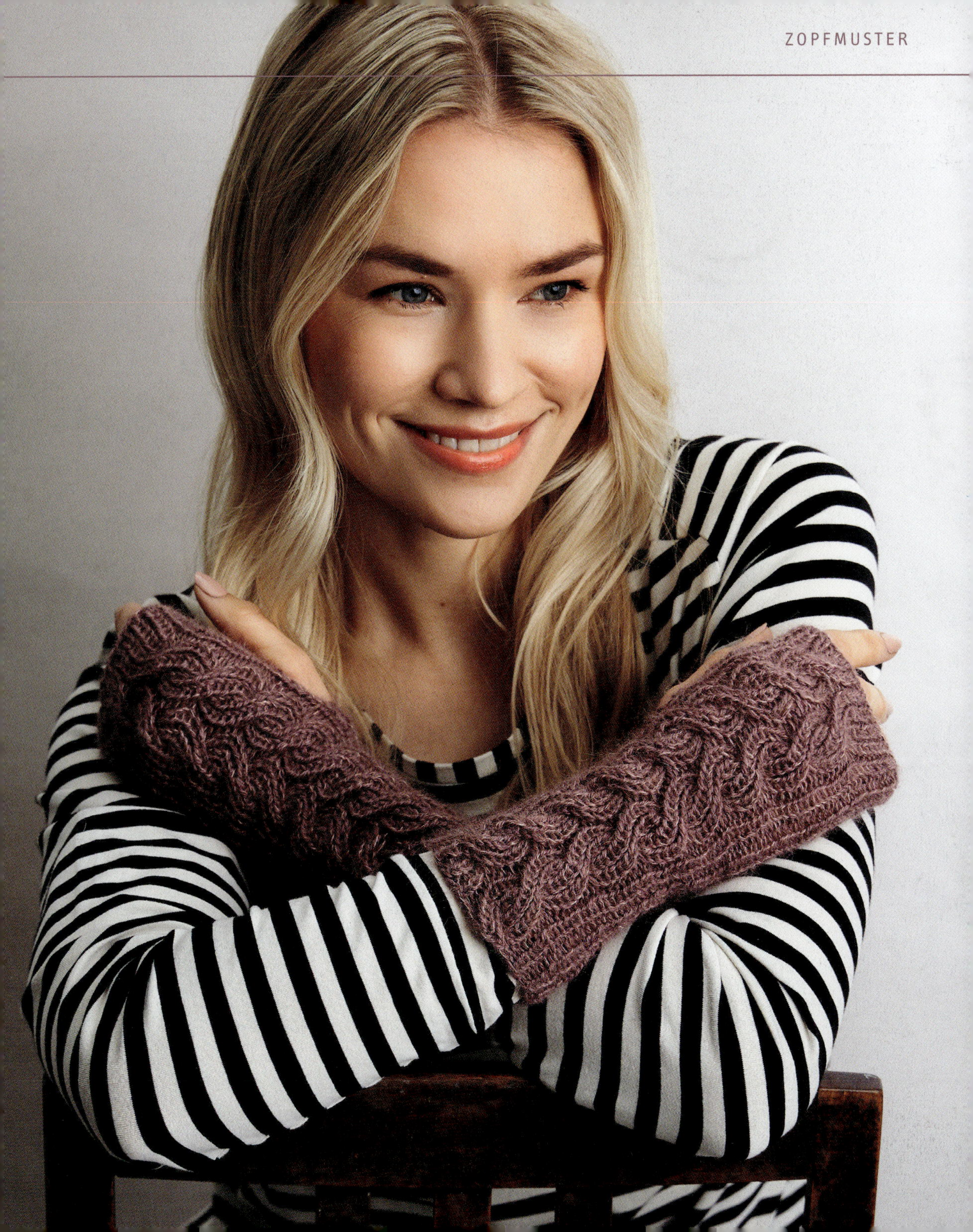

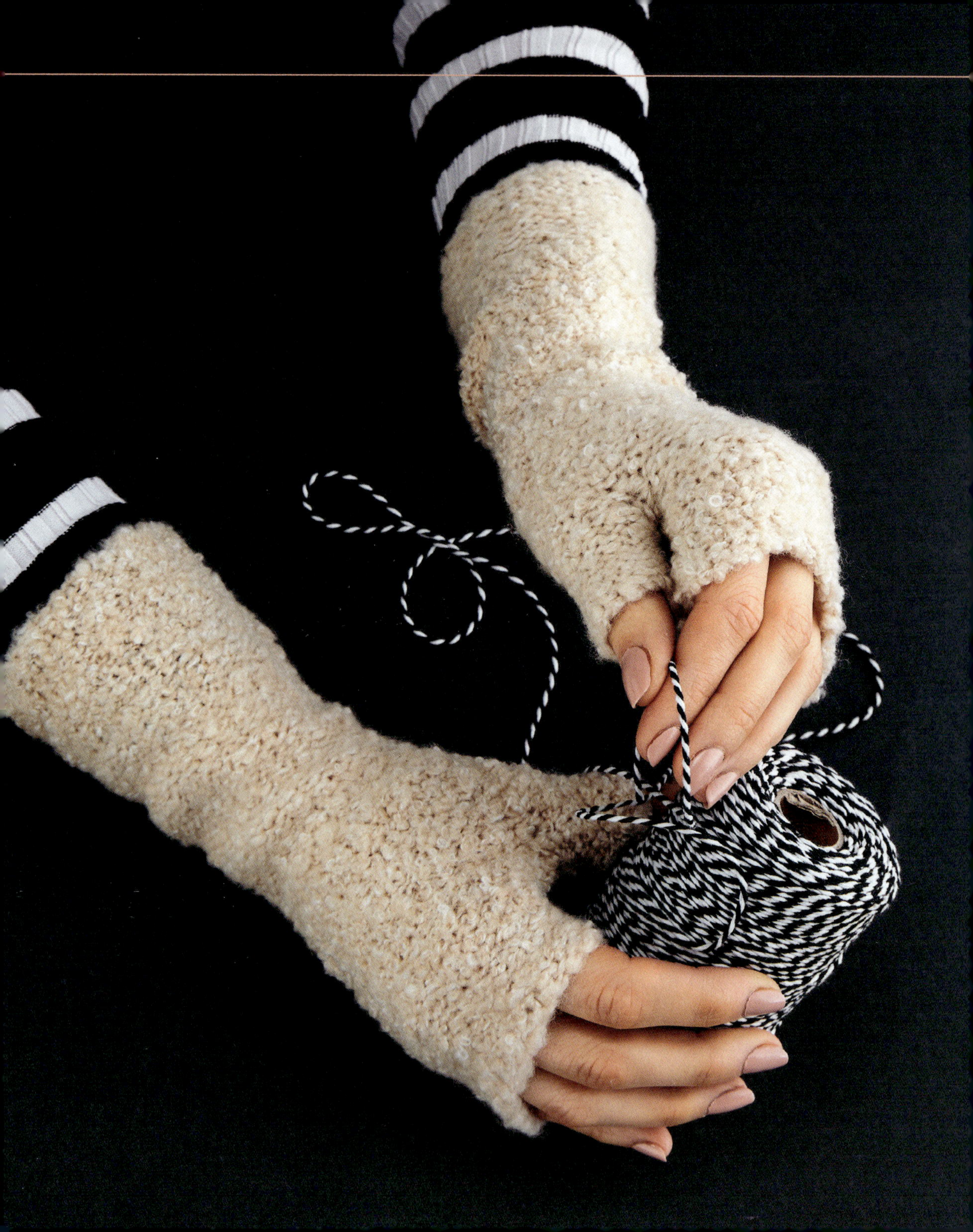

Bouclé-Madness

kuschelig-weiche Handstulpen mit Daumen

GRÖSSEN

S/M: Umfang ca. 16 cm, Länge ca. 23 cm

M/L: Umfang ca. 18 cm, Länge ca. 24 cm

Die Angaben für Größe S/M stehen vor dem Schrägstrich, für Größe M/L danach. Steht nur eine Angabe, gilt diese für beide Größen.

MATERIAL

- Lana Grossa Cocco (LL 135 m/50 g) in Hellbeige (Fb 002), 50 g
- Rundstricknadel 5,0 mm, mind. 60 cm lang, oder Nadelspiel 5,0 mm
- Maschenraffer oder Hilfsgarn
- Maschenmarkierer
- Wollnadel

MASCHENPROBE

Glatt rechts in Rd mit Nd 5,0 mm
16 M und 32 Rd = 10 cm x 10 cm, gewaschen und gespannt

Glatt rechts

In Rd alle M rechts str.

Anleitung

Die rechte und die linke Handstulpe werden identisch gearbeitet. Die Stulpen werden glatt rechts gestrickt. Später kann entschieden werden, ob man die rechte oder linke Seite des Gestricks außen tragen möchte.
26/29 M in einer elastischen Technik (z. B. dem altdeutschen oder norwegischen Anschlag) anschl. Die Arbeit zur Rd schließen und den Rd-Beginn mit 1 MM kennzeichnen.
Nächste Rd: Alle M rechts str.
Die letzte Rd fortlaufend wdh bis zu einer Gesamthöhe von ca. 13 cm.

Zunahmen für den Daumen

1. Rd: 1 M rechts, 1 ML zunehmen, rechte M str bis 1 M vor Rd-Ende, 1 MR zunehmen, 1 M rechts (= 2 M zugenommen).
2. Rd: Alle M rechts str.
Die 1. und 2. Rd noch 3x/4x wdh (= 34/39 M).
Glatt rechts in Rd weiterarb bis zu einer Höhe von 6,5/7 cm ab der 1. Zunahme für den Daumen.

Daumen

5/6 M rechts str, alle folgenden M bis auf die letzten 5/6 M der Rd auf einem Maschenraffer oder einem Hilfsfaden stilllegen, 2 M durch Aufschlingen neu anschl und die Daumen-M zur Rd schließen (= 12/14 M für den Daumen).
Den Daumen glatt rechts in Rd bis zu einer Höhe von 3-4 cm str. Alle M rechts abk.

Hand

Die stillgelegten 24/27 M für die Hand wieder in Arbeit nehmen, aus der Anschlagkante 4 M aufnehmen (die 2 zusätzlichen M verhindern, dass sich unschöne Löcher bilden) und in der Mitte der neuen M (= nach 2 M) den MM für den neuen Rd-Beginn platzieren (= 28/31 M insgesamt).
Glatt rechts in Rd weiterstr bis zu einer Gesamthöhe von 23/24 cm oder bis zur gewünschten Höhe.
Alle M locker abk.

Fertigstellen

Alle Fadenenden vernähen. Die Stulpen waschen und den Maßen entsprechend spannen z. B. auf einem Handtuch oder über einem Sockenspanner.

Klassisch gerippt

Strukturmuster in Grün

GRÖSSEN

S/M: Umfang ca. 16 cm, Länge ca. 25 cm

M/L: Umfang ca. 18 cm, Länge ca. 27 cm

Die Angaben für Größe S/M stehen vor dem Schrägstrich, für Größe M/L danach. Steht nur eine Angabe, gilt diese für beide Größen.

MATERIAL

- LangYarns Merino+ (LL 90 m/50 g) in Salbei (Fb 091), 100 g
- Rundstricknadel 4,5 mm, mind. 60 cm lang, oder Nadelspiel 4,5 mm
- Maschenraffer oder Hilfsgarn
- Maschenmarkierer
- Wollnadel

MASCHENPROBE

Glatt rechts in Rd mit Nd 4,5 mm 22 M und 32 Rd = 10 cm x 10 cm, gewaschen und gespannt

Glatt rechts

In Rd alle M rechts str.

Strukturmuster

Linke Handstulpe

1. Rd: Alle M links str.
2. Rd: Alle M rechts str.
3.-5. Rd: 1 M rechts, 1 M links im Wechsel str.
6. Rd: Alle M rechts str.

Rechte Handstulpe

Wie das Strukturmuster für die linke Handstulpe str, jedoch in der 3.-5. Rd die M gegengleich str: 1 M links, 1 M rechts im Wechsel.

Anleitung

Linke Handstulpe

34/38 M in einer elastischen Technik (z. B. dem altdeutschen oder norwegischen Anschlag) anschl. Die Arbeit zur Rd schließen und den Rd-Beginn mit 1 MM kennzeichnen.
Die 1.-6. Rd des Strukturmusters 6x arb, dann die 1.-5.Rd noch 1x wdh.**

Zunahmen für den Daumen

1. Rd: 3 M rechts, 1 ML zunehmen, rechte M str bis 2 M vor Rd-Ende, 1 MR zunehmen, 2 M rechts (= 2 M zugenommen).
2. Rd: Alle M links str.
3. Rd: Wie die 1. Rd str.
4.-6.Rd: 1 M rechts, 1 M links im Wechsel str.

Die letzten 6 Rd noch 2x wdh (= 40/44 M).
Nächste Rd: Alle M rechts str.
Nun die 1.-6. Rd des Strukturmusters 1x arb.
Nächste Rd (= 1. Rd des Strukturmusters): Alle M links str (= 46/50 M).

Daumen

6 M rechts str, dann alle folgenden M bis auf die letzten 5 M vor Rd-Ende auf einem Maschenraffer oder einem Hilfsfaden stilllegen, 3/5 M durch Aufschlingen neu anschl (=14/16 M Daumen-M). Die Arbeit zur Rd schließen und den Rd-Beginn mit 1 MM kennzeichnen.
Für den Daumen 1x die 3.-6.Rd und 1x die 1.-5. Rd des Strukturmusters str.
Die M elastisch rechts abk oder italienisch abnähen.

Hand

Die stillgelegten 35/39 M für die Hand wieder in Arbeit nehmen und aus der Anschlagkante 3/5 M aufnehmen, nach der 1./2. dieser neu aufgenommenen M den MM für den Rd-Beginn platzieren (= 38/44 M).
Im Strukturmuster in der gegebenen Einteilung weiterstr, dabei mit einer 2. Rd beginnen. 1x die 2.-6. Rd des Strukturmusters str, dann die 1.-6. Rd 2x wdh und mit der 1.-5. Rd enden.
Die M elastisch rechts abk oder italienisch abnähen.

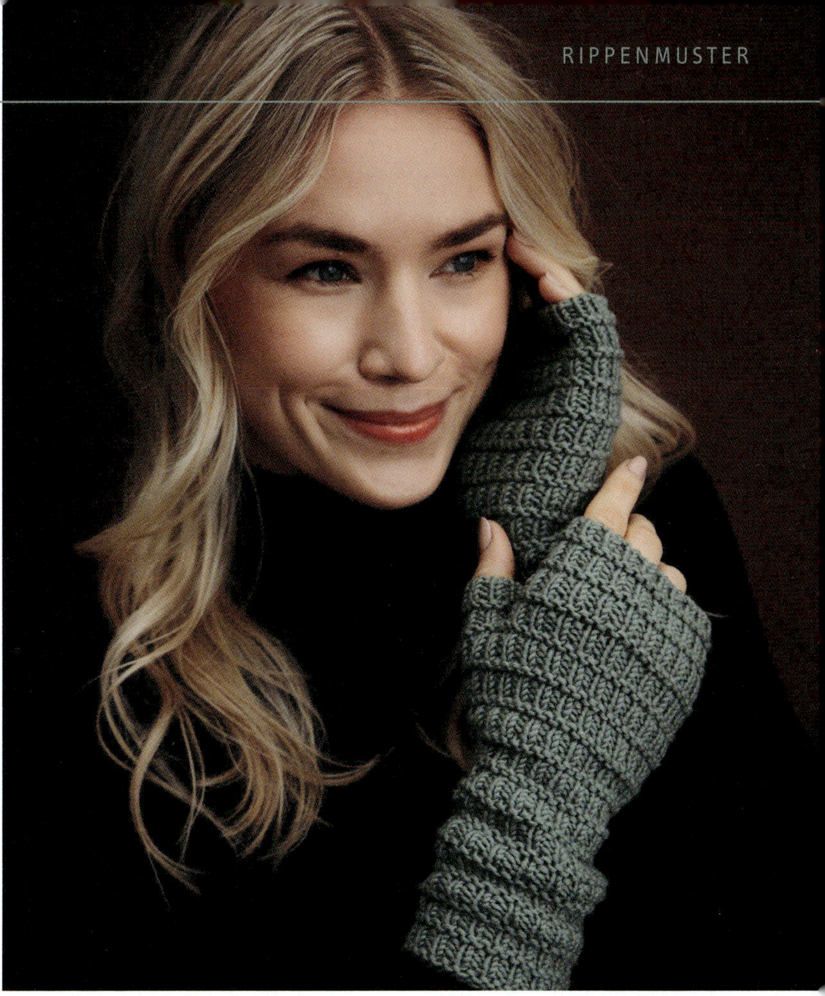

Rechte Handstulpe

Die rechte Handstulpe bis ** wie die linke Handstulpe str.

Zunahmen für den Daumen

1. Rd: 2 M rechts, 1 ML zunehmen, rechte M str bis 2 M vor Rd-Ende, 1 MR zunehmen, 3 M rechts (= 2 M zugenommen).
2. Rd: Alle M links str.
3. Rd: Wie die 1. Rd str.
4.-6.Rd: 1 M links, 1 M rechts im Wechsel str.
Die letzten 6 Rd noch 2x wdh (= 40/44 M).
Nächste Rd: Alle M rechts str.
Nun die 1.-6. Rd des Strukturmusters 1x arb.
Nächste Rd (= 1. Rd des Strukturmusters): Alle M links str (= 46/50 M).

Daumen

5 M rechts str, dann alle folgenden M bis auf die letzten 6 M vor Rd-Ende auf einem Maschenraffer oder einem Hilfsfaden stilllegen, 3/5 M durch Aufschlingen neu anschl (=14/16 M Daumen-M). Die Arbeit zur Rd schließen und den Rd-Beginn mit 1 MM kennzeichnen.
Für den Daumen 1x die 3.-6.Rd und 1x die 1.-5.Rd des Strukturmusters str.
Die M elastisch rechts abk oder italienisch abnähen.

Hand

Die stillgelegten 35/39 M für die Hand wieder in Arbeit nehmen und aus der Anschlagkante 3/5 M aufnehmen, nach der 1./2. dieser neu aufgenommenen M den MM für den Rd-Beginn platzieren (= 38/44 M).
Im Strukturmuster in der gegebenen Einteilung weiterstr, dabei mit einer 2. Rd beginnen. 1x die 2.-6. Rd des Strukturmusters str, dann die 1.-6. Rd 2x wdh und mit der 1.-5. Rd enden.
Die M elastisch rechts abk oder italienisch abnähen.

Fertigstellen

Alle Fadenenden vernähen. Die Stulpen waschen und den Maßen entsprechend spannen (z. B. auf einem Handtuch oder über einem Sockenspanner).

Meine Tipps für Sie

Länge anpassen Der Handteil der Stulpen kann beliebig hoch gestrickt werden; in jedem Fall mit einer 5. Rd des Strukturmusters enden.
Maschen abnähen Besonders hochwertig wirken die Stulpen, wenn man die Maschen nicht abkettet, sondern italienisch abnäht.

Trendiges Streifen-Set

Handstulpen mit Daumenloch

Bündchenmuster

In Rd 2 M rechts, 2 M links im Wechsel str.

Wabenmuster

M-Zahl teilbar durch 4

1. Rd: In Fb B alle M rechts str.

2.-4. Rd: In Fb B * 1 M rechts, 2 M links str; ab * stets wdh.

5. Rd: In Fb A * 2 M wie zum Linksstr abheben (Faden hinter der Arbeit), 2 M rechts str; ab * stets wdh.

6. Rd: In Fb A wie die 5. Rd str.

7. Rd: In Fb A alle M rechts str.

8.-10. Rd: In Fb A * 2 M links, 2 M rechts str; ab * stets wdh.

11. Rd: In Fb B * 2 M rechts str, 2 M wie zum Linksstr abheben (Faden hinter der Arbeit); ab * stets wdh.

12. Rd: In Fb B wie die 11. Rd str.

13. Rd: In Fb B alle M rechts str.

14.-16. Rd: In Fb B * 2 M rechts, 2 M links; ab * stets wdh.

Hinweis: Beim Fb-Wechsel die Fäden auf der Rückseite der Arbeit verkreuzen, damit keine Löcher und langen Spannfäden entstehen.

Anleitung

In Fb A 24/28 M mit dem Ndspiel 4,5 mm anschl und die M gleichmäßig auf 4 Nd verteilen (= 6/7 M pro Nd). Die Arbeit zur Rd schließen und den Rd-Beginn mit 1 MM kennzeichnen. 10 Rd im Bündchenmuster str.

Zu Nd 5,0 mm wechseln.

Die 1.-16. Rd des Wabenmusters str, dann die 5.-16. Rd noch 2x wdh.

Nun das Daumenloch in Hin- und Rück-R wie folgt arb:

1. R: In Fb A * 2 M wie zum Linksstr abheben (Faden hinter der Arbeit), 2 M rechts; ab * stets wdh bis R-Ende (Nd 1-4), die Arbeit wenden.

2. R: In Fb A * 2 M links, 2 M wie zum Linksstr abheben (Faden vor der Arbeit), ab * fortlaufend wdh bis R-Ende (Nd 1-4), die Arbeit wenden.

3. R: In Fb A alle M rechts str bis R-Ende (Nd 1-4), die Arbeit wenden.

4.-6. R: In Fb A * 2 M links, 2 M rechts; ab * stets wdh bis R-Ende (Nd 1-4), die Arbeit wenden.

7. R: In Fb B * 2 M rechts, 2 M wie zum Linksstr abheben (Faden hinter der Arbeit); ab * stets wdh bis R-Ende (Nd 1-4), die Arbeit wenden.

8. R: In Fb B * 2 M wie zum Linksstr abheben (Faden vor der Arbeit), 2 M links; ab * stets wdh bis R-Ende (Nd 1-4), die Arbeit wenden.

9. R: In Fb B alle M rechts str bis R-Ende (Nd 1-4), die Arbeit wenden.

10.-12. R: In Fb B * 2 M rechts, 2 M links; ab * stets wdh bis R-Ende (Nd 1-4), die Arbeit wenden.

Die Arbeit wieder zur Rd schließen und mit der 5. Rd des Wabenmusters beginnend weiterstr bis zum Ende der 16. Rd, dann die 5.-16. Rd noch 1x wdh.

Zu Nd 4,5 mm wechseln.

1 Rd rechte M str.

10 Rd im Bündchenmuster str.

Alle M locker abk.

Fertigstellen

Alle Fadenenden vernähen. Die Stulpen anfeuchten, in Form bringen und trocknen lassen.

Meine Tipps für Sie

Individuelle Länge Die Länge des Arm- und Fingerteils kann individuell angepasst werden. Je nach Wunsch hier mehr oder weniger Musterrapporte stricken.

Umfang anpassen Der Musterrapport erstreckt sich über vier Maschen, sodass sich auch der Umfang der Stulpen leicht durch mehr oder weniger Maschen in Viererschritten den eigenen Armen anpassen lässt.

Daumenloch Für ein größeres oder kleineres Daumenloch mehr oder weniger Reihen str, dann die Arbeit wieder zur Runde schließen und das Wabenmuster mit der entsprechenden Runde weiterführen.

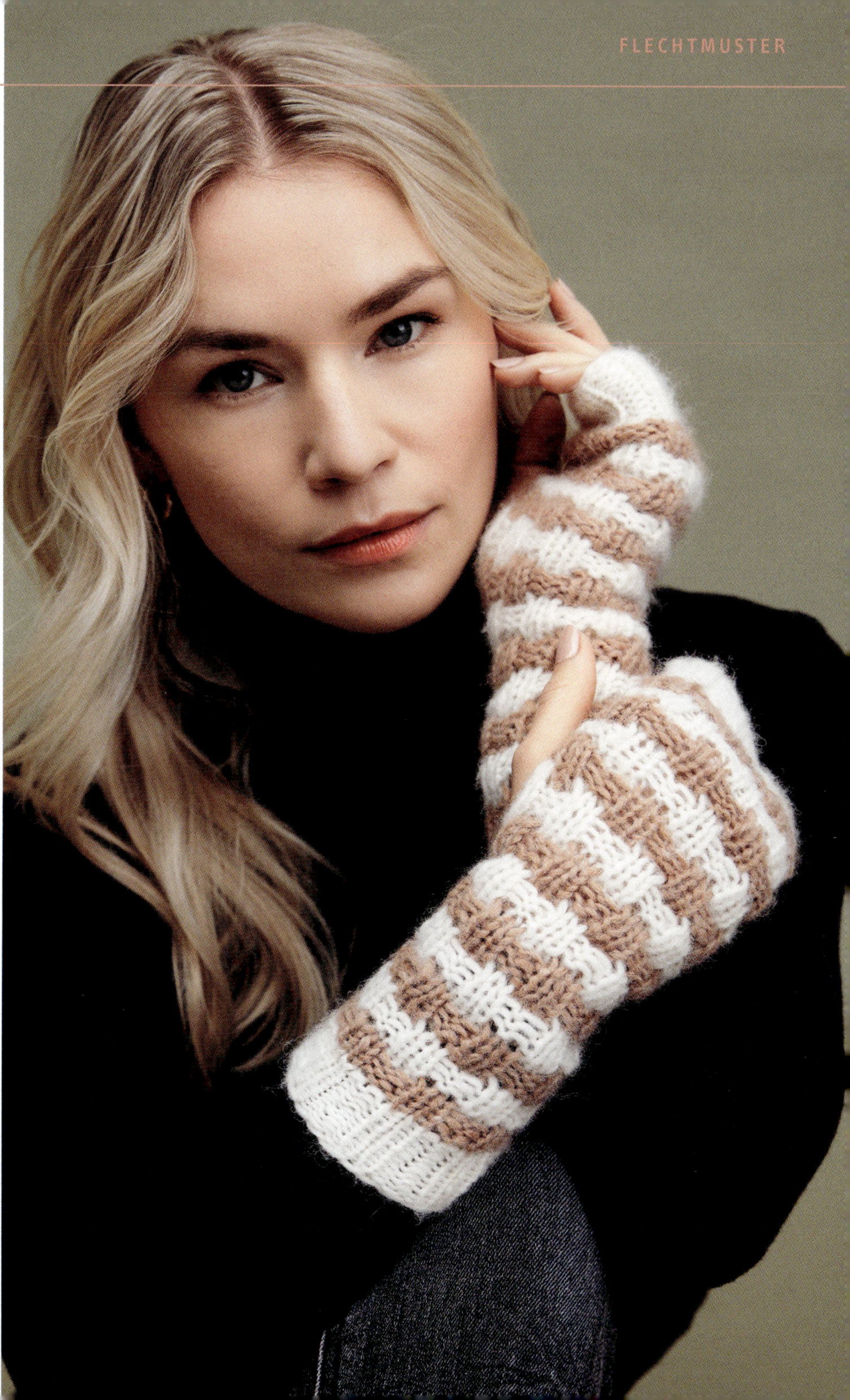

GRÖSSEN

S/M: Umfang ca. 16 cm, Länge ca. 30 cm

M/L: Umfang ca. 18 cm, Länge ca. 30 cm

Die Angaben für Größe S/M stehen vor dem Schrägstrich, für Größe M/L danach. Steht nur eine Angabe, gilt diese für beide Größen.

MATERIAL

- Lana Grossa Brigitte No. 2 (LL 140 m/50 g) in A Rohweiß (Fb 16) und B Rosenholz (Fb 43), je 50 g
- Nadelspiele 4,5 mm und 5,0 mm
- Maschenmarkierer
- Wollnadel

MASCHENPROBE

Im Bündchenmuster mit Nd 5,0 mm 15 M und 25 Rd = 10 cm x 10 cm

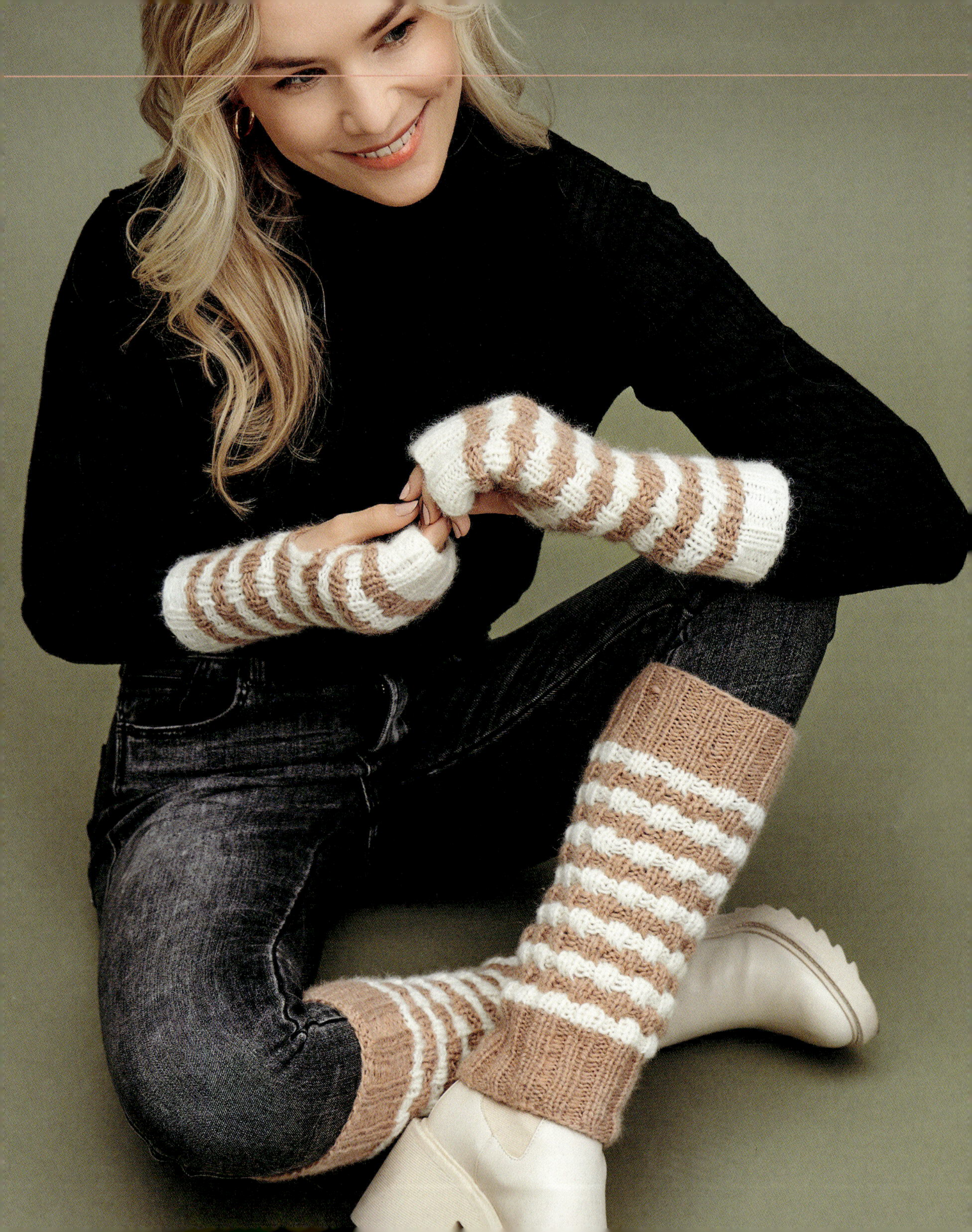

Trendiges Streifen-Set

wärmende Beinstulpen

GRÖSSEN

S/M: Umfang ca. 28 cm, Länge ca. 38 cm

M/L: Umfang ca. 33 cm, Länge ca. 38 cm

Die Angaben für Größe S/M stehen vor dem Schrägstrich, für Größe M/L danach. Steht nur eine Angabe, gilt diese für beide Größen.

MATERIAL

- Lana Grossa Brigitte No. 2 (LL 140 m/50 g) in A Rohweiß (Fb 16), 50 g, und B Rosenholz (Fb 43), 100 g
- Nadelspiele 4,5 mm und 5,0 mm
- Maschenmarkierer
- Wollnadel

MASCHENPROBE

Im Bündchenmuster mit Nd 5,0 mm
15 M und 25 Rd
= 10 cm x 10 cm

Bündchenmuster

In Rd 2 M rechts, 2 M links im Wechsel str.

Wabenmuster

M-Zahl teilbar durch 4

1. Rd: In Fb A alle M rechts str.

2.–4. Rd: In Fb A * 2 M rechts, 2 M links str; ab * stets wdh.

5. Rd: In Fb B * 2 M wie zum Linksstr abheben (Faden hinter der Arbeit), 2 M rechts str; ab * stets wdh.

6. Rd: In Fb B wie die 5. Rd str.

7. Rd: In Fb B alle M rechts str.

8.–10. Rd: In Fb B * 2 M links, 2 M rechts str; ab * stets wdh.

11. Rd: In Fb A * 2 M rechts str, 2 M wie zum Linksstr abheben (Faden hinter der Arbeit); ab * stets wdh.

12. Rd: In Fb A wie die 11. Rd str.

13. Rd: In Fb A alle M rechts str.

14.–16. Rd: In Fb A * 2 M rechts, 2 M links; ab * stets wdh.

Anleitung

Hinweis: Beim Fb-Wechsel die Fäden auf der Rückseite der Arbeit verkreuzen, damit keine Löcher und langen Spannfäden entstehen.

48/56 M mit dem Ndspiel 4,5 mm in Fb B anschl und gleichmäßig auf 4 Nd verteilen (= 12/14 M pro Nd). Die Arbeit zur Rd schließen und den Rd-Beginn mit dem MM kennzeichnen.
20 Rd im Bündchenmuster str.
Zu Nd 5,0 mm wechseln.
Die 1.-16. Rd des Wabenmusters 1x str, dann die 5.-16. Rd noch 5x str.
Zu Nd 4,5 mm und Fb B wechseln.
1 Rd rechte M str.
20 Rd im Bündchenmuster str.
Alle M locker abk.

Fertigstellen

Alle Fadenenden vernähen. Die Stulpen anfeuchten, in Form bringen und trocknen lassen.

Hippes gegen Winterkälte

knallige Handstulpen mit Wabenmuster

Glatt rechts

In Rd alle M rechts str.

Bündchenmuster

In Rd 1 M rechts, 1 M links im Wechsel str.

Wabenmuster in Runden

1.+2. Rd: In Fb A alle M links str.
3.-8 Rd: In Fb B * 2 M wie zum Linksstr abheben (Faden hinter der Arbeit), 6 M rechts; ab * stets wdh.
9. Rd: In Fb A alle M rechts str.
10. Rd: In Fb A alle M links str.
11.-16 Rd: In Fb B * 4 M rechts, 2 M wie zum Linksstr abheben (Faden hinter der Arbeit), 2 M rechts; ab * stets wdh.
17. Rd: In Fb A alle M rechts str.
18. Rd: In Fb A alle M links str.

Anleitung

40/48 M mit dem Ndspiel 3,0 mm und Fb A anschl und gleichmäßig auf 4 Nd verteilen (= 10/12 M pro Nd).
Die M zur Rd schließen und den Rd-Beginn mit dem MM kennzeichnen.
15 Rd im Bündchenmuster str.
Zu Nd 3,5 mm wechseln.
Die 1.-18. Rd des Wabenmusters str, dann die 3.-18. Rd noch 2x wdh.

Daumenloch

Nun das Daumenloch in Hin- und Rückr str wie folgt:
1., 3.+5. R (Hinr): In Fb B * 2 M wie zum Linksstr abheben (Faden hinter der Arbeit), 6 M rechts; ab * stets wdh bis R-Ende (Nd 1-4); die Arbeit wenden.
2., 4.+6. R (Rückr): In Fb B * 6 M links, 2 M wie zum Linksstr abheben (Faden vor der Arbeit); ab * stets wdh bis R-Ende (Nd 4-1); die Arbeit wenden.
7. R: In Fb A alle M rechts str bis R-Ende (Nd 1-4); die Arbeit wenden.
8. R: In Fb A alle M rechts str bis R-Ende (Nd 4-1); die Arbeit wenden.
9., 11.+13. R: In Fb B * 4 M rechts, 2 M wie zum Linksstr abheben (Faden hinter der Arbeit), 2 M rechts; ab * stets wdh bis R-Ende (Nd 1-4); die Arbeit wenden.
10., 12.+14. R: In Fb B * 2 M links, 2 M wie zum Linksstr abheben (Faden vor der Arbeit), 4 M links; ab * stets wdh bis R-Ende (Nd 4-1); die Arbeit wenden.
15. R: In Fb A alle M rechts str.

Hand

Die Arbeit wieder zur Rd schließen und in Rd weiterstr wie folgt:
16. Rd: In Fb A alle M links str.
Die 3.-18. Rd noch 1x wdh, dann 1 Rd linke M in Farbe A str.
Zu Nd 3,0 mm wechseln.
In Fb A 15 Rd im Bündchenmuster str.
Alle M locker mustergemäß abk.

Fertigstellen

Alle Fadenenden vernähen. Die Stulpen anfeuchten, in Form bringen und trocknen lassen.

Meine Tipps für Sie

Individuelle Länge Die Länge des Armteils und der Hand kann individuell angepasst werden: Einfach entsprechend mehr oder weniger Musterrapporte stricken.
Hebemaschenmuster Das Hebemaschenmuster wird in jeder Runde oder Reihe nur in einer Farbe gestrickt. Den Faden in der gerade nicht verwendeten Farbe seitlich am Reihenbeginn bzw. in Runden auf der Rückseite der Arbeit mitführen und die Fäden am Beginn jeder Reihe oder Runde auf der Rückseite verkreuzen, damit kein Loch und keine zu langen Spannfäden entstehen.

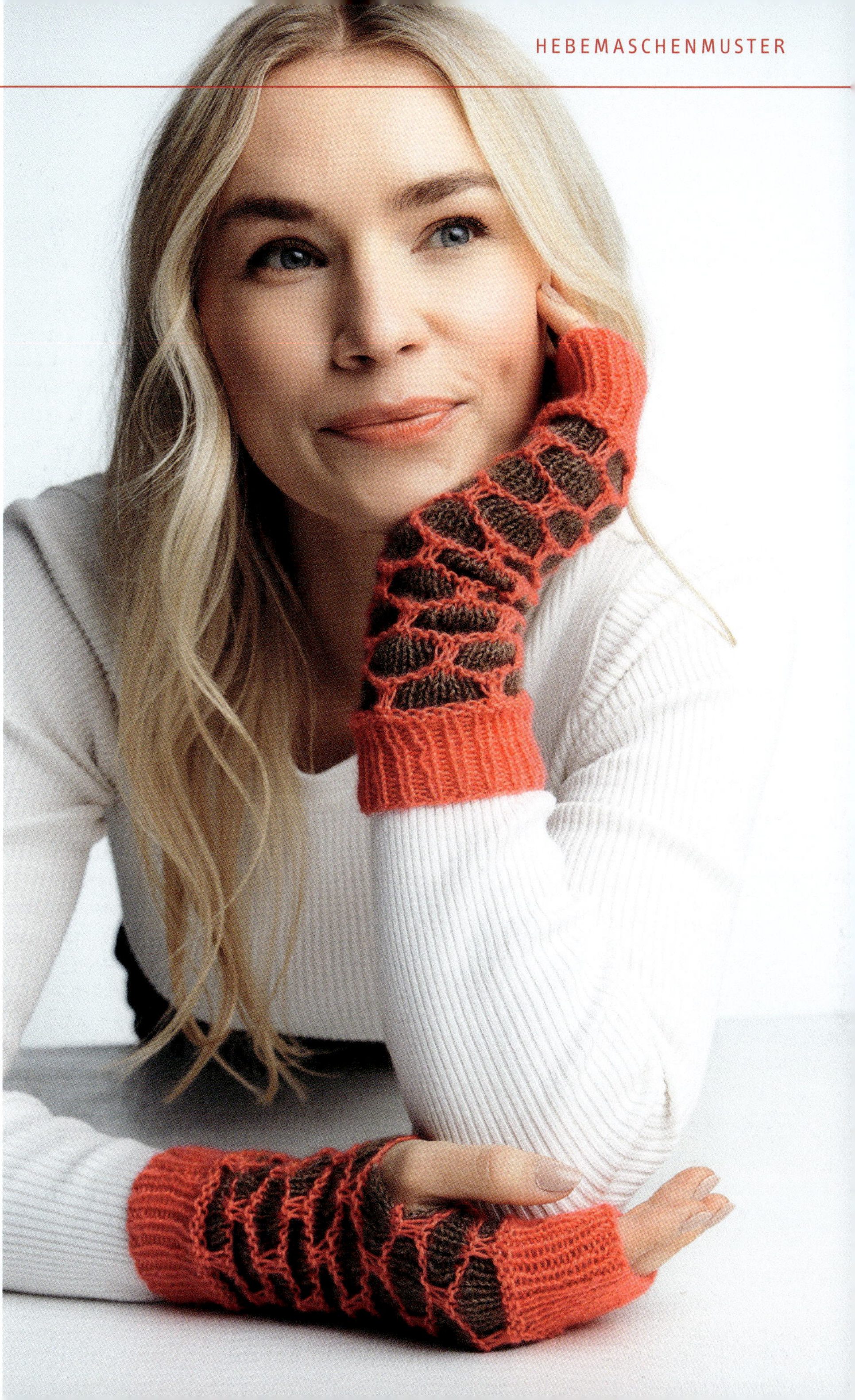

GRÖSSEN

S/M: Umfang ca. 16 cm, Länge ca. 26 cm

M/L: Umfang ca. 18 cm, Länge ca. 26 cm

Die Angaben für Größe S/M stehen vor dem Schrägstrich, für Größe M/L danach. Steht nur eine Angabe, gilt diese für beide Größen.

MATERIAL

- Lana Grossa Ecopuno (LL 215 m/50 g) in A Himbeere (Fb 36) und B Dunkelbraun (Fb 17), je 50g
- Nadelspiele 3,0 mm und 3,5 mm
- Maschenmarkierer
- Wollnadel

MASCHENPROBE

Glatt rechts
mit Nd 3,5 mm
24 M und 30 Rd
= 10 cm x 10 cm

Traum in Beige

Handstulpen mit Jacquardmuster

GRÖSSEN
S/M: Umfang ca. 16 cm, Länge ca. 18 cm

M/L: Umfang ca. 18 cm, Länge ca. 20 cm

Die Angaben für Größe S/M stehen vor, für Größe M/L nach dem Schrägstrich. Steht nur eine Angabe, gilt diese für beide Größen.

MATERIAL

- LangYarns Yak (LL 120 m/50 g) in A Natur (Fb 94) und B Braun (Fb 26), je 50 g
- Nadelspiel 4,0-4,5 mm
- Hilfsfaden (glattes Garn passender Stärke)
- Maschenmarkierer
- Wollnadel

MASCHENPROBE
Glatt rechts mit Nd 4,0-4,5 mm
20 M und 24 R bzw. Rd = 10 cm x 10 cm

STRICKSCHRIFT
Vorlagenbogen B

Bündchenmuster

1 M rechts, 1 M links im Wechsel str.

Glatt rechts

In Rd alle M rechts str.

Jacquardmuster

Nach der Strickschrift glatt rechts in Rd str, dabei den Rapport von 6 M innerhalb der Rd stets wdh. Die 1.-9. Rd gemäß Anleitung wdh.

Hinweis: Die Stulpen sind wegen des Musters wenig dehnbar und liegen eng an. Sie passen auch kleineren Händen.

Anleitung

1. Stulpe

36/48 M mit dem Ndspiel 4,0-4,5 mm in Fb A anschl und auf 4 Nd verteilen (= 9/12 M je Nd). Die Arbeit zur Rd schließen und den Rd-Beginn mit 1 MM kennzeichnen.
6 Rd im Bündchenmuster und anschließend 2 Rd rechte M str.
Den Faden in Fb B dazunehmen und glatt rechts in Jacquardtechnik nach der Strickschrift weiterstr wie folgt:
1x die 1.-9. Rd der Strickschrift str, 4 Rd glatt rechts in Fb A str, dann die 1.-9. Rd der Strickschrift wdh.
2 Rd glatt rechts in Fb A str.

Daumenloch vorbereiten

Nächste Rd (Fb A): 10 M rechts str, die nächsten 6 M (= 11.-16. M) mit dem Hilfsfaden rechts str, diese 6 M zurück auf die linke Nd heben und mit dem Faden in Fb A noch einmal rechts str, rechte M weiterstr bis Rd-Ende.

Hand

1 Rd rechte M in Fb A str, dann die 1.-9. Rd des Jacquardmusters wdh.
In Fb A alle M mit Mini-I-Cord abk wie folgt:
* 1 M rechts str, 2 M rechts verschränkt zusammenstr, diese 2 M zurück auf die linke Nd heben; ab * stets wdh, bis alle M aufgebraucht sind, dann die letzten 2 M wie gewohnt abk.
Den Faden abschneiden und sichern. Mit dem Fadenende Beginn und Ende der I-Cord-Kante zusammennähen.

Daumen

Die M unterhalb des Hilfsfadens auf eine Nd des Ndspiels auffassen; die M oberhalb des Hilfsfadens auf eine 2. Nd auffassen. Den Hilfsfaden vorsichtig aus dem Gestrick lösen. Am Übergang zwischen den M auf der oberen und der unteren Nd jeweils 1 M aufnehmen. Alle M mit Mini-I-Cord abk, wie bei der Hand beschrieben.

2. Stulpe

Wie die 1. Stulpe str, jedoch für das Daumenloch die 3.-8. M der entsprechenden Rd mit dem Hilfsfaden str.

Fertigstellen

Alle Fadenenden vernähen. Die Stulpen flach ausbreiten und mit einem feuchten Tuch bedeckt trocknen lassen, damit sich das Gestrick entspannt.

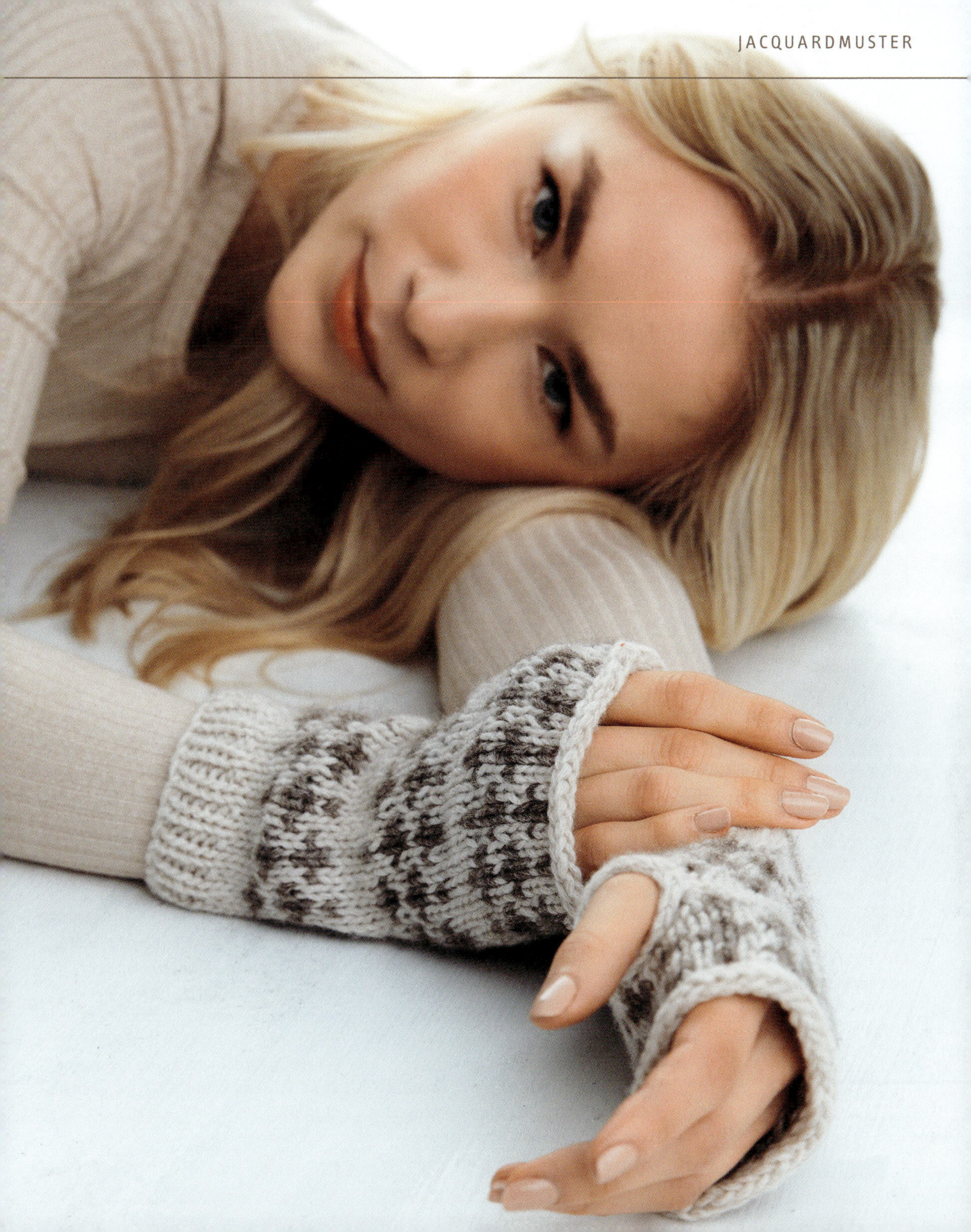

Colourblocking

Handstulpen im großen Perl- und kleinem Karomuster

GRÖSSEN

S/M: Umfang ca. 16 cm, Länge ca. 18 cm

M/L: Umfang ca. 18 cm, Länge ca. 18 cm

Die Angaben für Größe S/M stehen vor, für Größe M/L nach dem Schrägstrich. Steht nur eine Angabe, gilt diese für beide Größen.

MATERIAL

- Regia Premium Bamboo (LL 400 m/100 g) in A Violett (Fb 35) und B Taupe (Fb 23), je 100 g
- Rundstricknadel 2,5-3,0 mm, mind. 60 cm lang, oder Nadel-Trio 2,5-3,0 mm (siehe Tipp)
- Maschenraffer oder Hilfsgarn
- 3 Maschenmarkierer
- Wollnadel

MASCHENPROBE

Im Perlmuster mit Nd 2,5-3,0 mm 27 M und 43 R = 10 cm x 10 cm

Bündchenmuster

2 M rechts, 2 M links im Wechsel str.

Großes Perlmuster und Karomuster

Gemäß Anleitung str.

Anleitung

44/48 M mit der langen Rundstricknd (für die Magic-Loop-Technik) oder dem Nd-Trio 2,5-3,0 mm und Fb A anschl. Die Arbeit zur Rd schließen und den Rd-Beginn mit 1 MM kennzeichnen.

20 Rd (= 6 cm) im Bündchenmuster str.

Colourblocking

In Intarsientechnik in Fb A (Violett) im großen Perlmuster und in Fb B (Taupe) im Karomuster im weiterstr wie folgt. Dabei muss in gewendeten Rd gearbeitet werden, wobei immer dort weitergestrickt wird, wo der gerade benötigte Faden hängt. Auf diese Weise werden abwechselnd Hin- und Rückrd gearbeitet. Beim Fb-Wechsel die Fäden auf der Innenseite der Stulpe miteinander verkreuzen, damit keine Löcher entstehen.

1. Rd (Hinrd):

1. Nd (Fb A): * 1 M rechts, 1 M links; ab * noch 10/11x wdh (= 22/24 M im kleinen Perlmuster).

2. Nd (Fb B): 2 M rechts, * 2 M links, 2 M rechts; ab * noch 4x wdh, enden mit 0/2 M links (= 22/24 M im großen Perlmuster).

2. Rd (Rückrd): Die Arbeit wenden, sodass man die Innenseite der Stulpe vor Augen hat. Zum Nd-Anfang mit dem Faden in Fb A wechseln und die M in Fb A und in Fb B jeweils str, wie sie erscheinen.

3. Rd (Hinrd): Die Arbeit nicht wenden. Zum Nd-Anfang mit dem Faden in Fb A wechseln und alle M versetzt zur Vorrd str (= links erscheinende M rechts str, rechts erscheinende M links str).

4. Rd (Rückrd): Die Arbeit nicht wenden. Man hat die Innenseite der Stulpe vor Augen. Zum Nd-Anfang mit dem Faden in Fb A wechseln und die M beider Nd str, wie sie erscheinen.

Hinweis: Wenn man nicht mehr weiß, wo es weitergeht, hilft folgende Regel: Hängen die Fäden in beiden Fb an derselben Stelle, wird in Fb B (Taupe) weitergestrickt, hängen sie an verschiedenen Stellen, wird in Fb A (Violett) weitergestrickt.

Die 1.-4. Rd des Colourblocking-Musters noch 5x wdh (= 24 Rd im Muster).

Zunahmen für den Daumen

Nun mit den Zunahmen für den Daumen beginnen wie folgt:

Nächste Rd: Mustergemäß str, dabei nach der 10./11. M und nach der 12./13. M in Violett je 1 MM platzieren.

Mustergemäß weiterstr und dabei insgesamt 7/8x in jeder 2. Rd (also in jeder Hinrd) vor dem 1. und nach dem 2. MM jeweils 1 M zunehmen. Insgesamt werden 14/16 M für den Daumen zugenommen (= 58/64 M).

Mustergemäß weiterstr und in der nächsten Hinrd die 16/18 M für den Daumen auf einem Maschenraffer oder einem Hilfsfaden stilllegen (= 42/46 M).

Hand

Über die verbleibenden M weitere 12 Rd mustergemäß str, dabei in der 1. Rd über den stillgelegten Daumen-M 2 M neu anschl (= 44/48 M).
In Fb A alle M mit Mini-I-Cord abk wie folgt: * 1 M rechts str, 2 M rechts verschränkt zusammenstr, diese 2 M zurück auf die linke Nd heben; ab * stets wdh, bis alle M aufgebraucht sind, dann die letzten 2 M wie gewohnt abk.
Den Faden abschneiden und sichern. Mit dem Fadenende Beginn und Ende der I-Cord-Kante zusammennähen.

Daumen

Mit dem Faden in Fb A die stillgelegten 16/18 Daumen-M wieder in Arbeit nehmen und aus den neu angeschlagenen M der Hand 2 M aufnehmen (= 18/20 M).
1 Rd im Perlmuster str, wie eingeteilt, dann alle M mit Mini-I-Cord abk, wie bei der Hand beschrieben.
Die 2. Stulpe genauso str.

Fertigstellen

Alle Fadenenden vernähen. Die Stulpen flach ausbreiten und mit einem feuchten Tuch bedeckt trocknen lassen, damit sich das Gestrick entspannt.

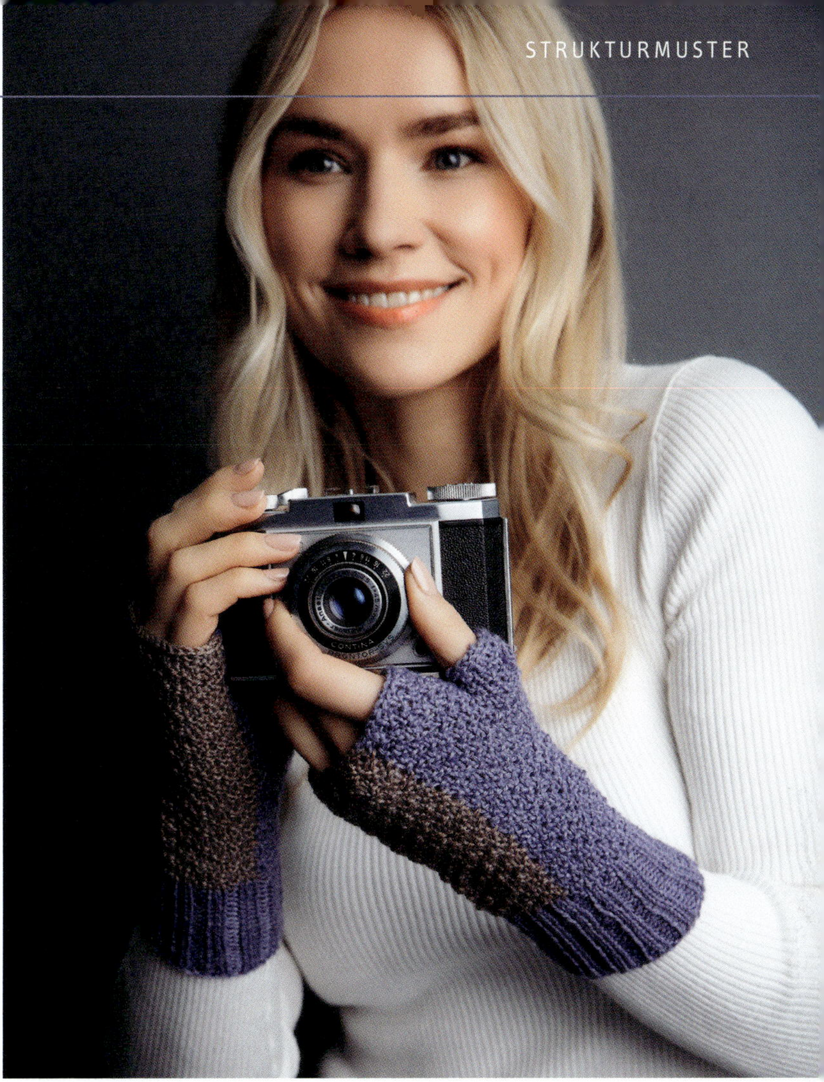

Mein Tipp für Sie

Die richtigen Nadeln Es empfiehlt sich, diese Stulpen nicht mit einem Nadelspiel, sondern mit einer langen Rundstricknadel in Magic-Loop-Technik oder mit einem Nadel-Trio zum Stricken in kleinen Runden zu arbeiten. Der Colourblocking-Teil in Intarsientechnik lässt sich leichter stricken, wenn die Maschen nur auf 2 Nadeln verteilt sind und mit der 3. Nadel gestrickt wird.

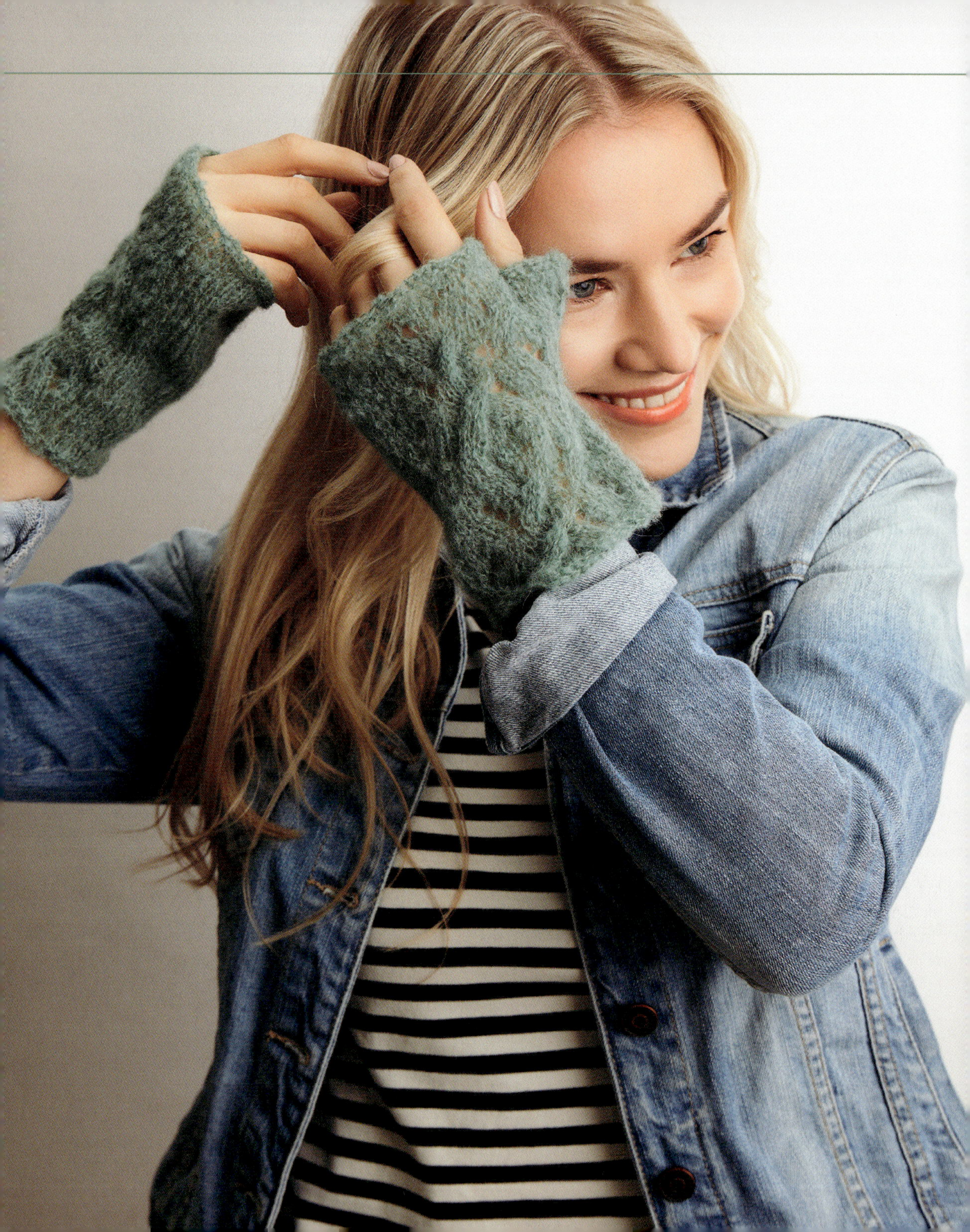

Federleicht

luftige Stulpen mit Zopf-Lochmuster

GRÖSSEN

S/M: Umfang ca. 16 cm, Länge ca. 16 cm

M/L: Umfang ca. 18 cm, Länge ca. 16 cm

Die Angaben für Größe S/M stehen vor, für Größe M/L nach dem Schrägstrich. Steht nur eine Angabe, gilt diese für beide Größen.

MATERIAL

- LangYarns Alpaca Superlight (LL 199 m/25 g) in Aloe (Fb 91), 25 g
- 25 g (199m) Fb 91
- Nadelspiel 3,5-4,0 mm
- 3 Maschenmarkierer
- Maschenraffer oder Hilfsgarn
- Wollnadel

MASCHENPROBE

Im Zopf-Lochmuster in Rd mit Nd 3,5-4,0 mm 25 M und 30 Rd = 10 cm x 10 cm

STRICKSCHRIFT

Vorlagenbogen B

Glatt rechts

In Rd alle M rechts str. In Hinr rechte M, in Rückr linke M str.

Zopf-Lochmuster

Über 20/22 M nach der Strickschrift str. Die 1.-22. Rd gemäß Anleitung wdh.

Anleitung

Rechte Stulpe

40/44 M mit dem Ndspiel 3,5-4,0 mm anschl und auf 4 Nd verteilen (= 10/11 M je Nd). Die Arbeit zur Rd schließen und den Rd-Beginn mit 1 MM kennzeichnen.
1 Rd rechte M und 1 Rd linke M str (= 1 Krausrippe).
Nun über die ersten 20/22 M der Rd im Zopf-Lochmuster nach der Strickschrift und über die zweiten 20/22 M glatt rechts weiterstr. 1x die 1.-22. Rd der Strickschrift arb.

Zunahmen für den Daumen

Dann mit den Zunahmen für den Daumen beginnen wie folgt:
Mustergemäß im Zopf-Lochmuster und glatt rechts weiterstr, dabei nach der 19. und 21./20. und 22. M je 1 MM platzieren. 7x in jeder 2. Rd jeweils vor dem 1. und nach dem 2. MM jeweils 1 M zunehmen. Alle zugenommenen M glatt rechts weiterstr.

In der nächsten Rd die 16 Daumen-M auf einem Maschenraffer oder einem Hilfsfaden stilllegen und über der Lücke 2 M neu anschl (= 40/44 M).

Hand

Mustergemäß weiterstr bis zum Ende der 22. Rd der Strickschrift, um den 2. Musterrapport des Zopf-Lochmusters zu beenden.
1 Rd rechte M und 1 Rd linke M str (= 1 Krausrippe).
In der nächsten Rd alle M abk.

Daumen

Die 16 Daumen-M wieder in Arbeit nehmen und aus den neu angeschlagenen M 2 M aufnehmen (= 18 M).
1 Rd rechte M und 1 Rd linke M str (= 1 Krausrippe).
In der nächsten Rd alle M abk.

Linke Stulpe

Wie die rechte Stulpe str, jedoch die ersten 20/22 M der Rd glatt rechts und die zweiten 20/22 M im Zopf-Lochmuster nach der Strickschrift arb.

Fertigstellen

Alle Fadenenden vernähen. Die Stulpen flach ausbreiten und mit einem feuchten Tuch bedeckt trocknen lassen, damit sich das Gestrick entspannt.

Kreuz und Quer

elastische Handstulpen mit Krausrippen

GRÖSSEN

S/M: Umfang ca. 16 cm, Länge ca. 20 cm

M/L: Umfang ca. 18 cm, Länge ca. 23,5 cm

Die Angaben für Größe S/M stehen vor, für Größe M/L nach dem Schrägstrich. Steht nur eine Angabe, gilt diese für beide Größen.

MATERIAL

- LangYarns Yak (LL 120 m/50 g) in Rot (Fb 60), 50 g
- Rundstricknadel 4,5 mm, mind. 60 cm lang, oder Nadelspiel 4,5 mm
- 1 zusätzliche Stricknadel 4,0-4,5 mm
- Häkelnadel 4,5 mm und glattes Hilfsgarn in einer Kontrastfarbe für den provisorischen Maschenanschlag
- Maschenraffer oder Hilfsgarn
- Wollnadel

MASCHENPROBE

Kraus rechts mit Nd 4,5 mm
18 M und 40 R
= 10 cm x 10 cm, gewaschen und gespannt

Kraus rechts

In Hin- und Rückr rechte M str.

Doppelmasche (Dm)

Nach dem Wenden in verkürzten R die 1. M mit dem Faden vor der Arbeit wie zum Linksstr abheben. Den Faden über die rechte Nd straff nach hinten ziehen, sodass die M doppelt liegt. Beim späteren Abstr der Dm beide M-Glieder wie 1 M str.

Anleitung

Rechte Handstulpe

Mit der Häkelnd 4,5 mm und einem glatten Hilfsfaden mind. 30/34 Lm häkeln. Mit der Rundstricknd oder dem Ndspiel 4,5 mm aus den höckerartigen M-Gliedern auf der Rückseite der Lm-Kette 30/34 M rechts herausstr.
1 Hinr rechte M str und den rechten Rand mit 1 MM oder einem kontrastfarbenen Faden markieren ***.
Weitere 63/71 R kraus rechts str (= 32/36 Krausrippen); mit einer Rückr enden. Den Faden abschneiden.

Daumenzwickel

Die ersten 10/12 M der R auf einem Maschenraffer oder einem Hilfsfaden stilllegen. Den Arbeitsfaden wieder aufnehmen und den Daumenzwickel über die nächsten 20/22 M str wie folgt:
Nächste R (Hinr): Rechte M str bis zu den letzten 5 M der R; die Arbeit wenden.
Nächste R (Rückr): 1 Dm arb, rechte M str bis R-Ende.
*** Nächste R (Hinr):** Rechte M str bis 5 M vor die letzte Dm; die Arbeit wenden.
Nächste R (Rückr): 1 Dm arb, rechte M str bis R-Ende *.
Die letzten 2 R von * bis * noch 1x wdh.
Nächste R (Hinr): Alle M rechts str, dabei die Dm jeweils als 1 M str.
Nächste R (Rückr): Alle M rechts str.
Nächste R (Hinr): 5 M rechts str; die Arbeit wenden.
Nächste R (Rückr): 1 Dm arb, alle M rechts str.
**** Nächste R (Hinr):** Rechte M str bis 5 M über die letzte Dm hinaus; die Arbeit wenden.
Nächste R (Rückr): 1 Dm arb, alle M rechts str **.
Die letzten 2 R von ** bis ** noch 1x wdh.
Nächste R (Hinr): Alle M rechts str. Den Faden abschneiden.
Den Hilfsfaden vorsichtig aus dem provisorischen M-Anschlag herauslösen und die M auf eine freie Nd auffassen. Das Strickteil rechts auf rechts so zusammenlegen, dass die M des provisorischen Anschlags auf der hinteren Nd liegen, und die nächsten 20/22 M in 3-Nd-Technik zusammen abk wie folgt: Mit einer 3. Nd wie zum Rechtsstr in die jeweils 1. M beider Nd einstechen; beide M rechts zusammenstr und von den Nd gleiten lassen. * Die nächsten 2 M (je 1 M der vorderen und der hinteren Nd) rechts

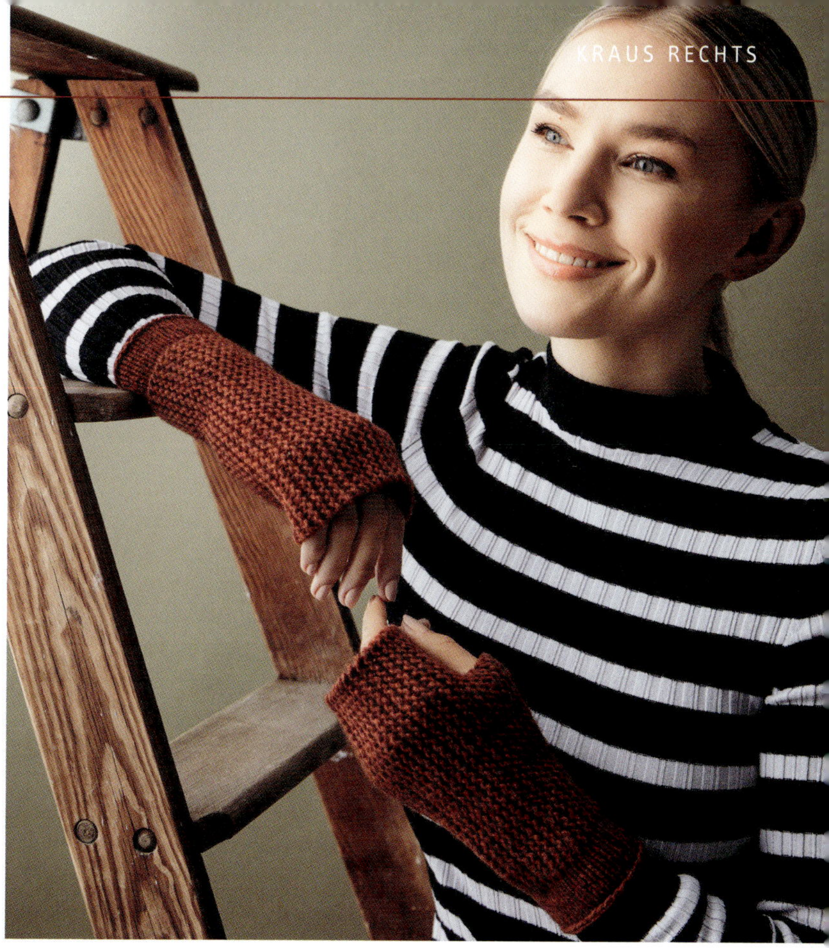

zusammenstr. Die 1. M auf der rechten Nd über die 2. M ziehen, um sie abzuketten. Ab * stets wdh, bis alle M abgekettet sind.
Die stillgelegten 10/12 M wieder auf eine Nd nehmen und mit den verbleibenden 10/12 M des provisorischen M-Anschlags in 3-Nd-Technik zusammen abk, wie oben beschrieben.

Rollrandbündchen

Mit der langen Rundstricknd oder dem Ndspiel 4,5 mm aus jeder Querrippe der unteren Handgelenköffnung 1 M aufnehmen(= 34/38 M) und die Arbeit zur Rd schließen. 3,5/4,5 cm glatt rechts str, dann alle M locker abk.

Linke Handstulpe

Die linke Handstulpe wie die rechte beginnen bis ***.
Weitere 62/70 R kraus rechts str (= 32/36 Krausrippen); mit einer Hinr enden.

Daumenzwickel

Nächste R (Rückr): 10/12 M rechts str und auf einem Maschenraffer oder einem Hilfsfaden stilllegen, rechte M str bis R-Ende (= 20/22 M).
Über diese 20/22 M den Daumenzwickel arb wie folgt:
Nächste R (Hinr): Alle M rechts str.
Nächste R (Rückr): Rechte M str bis zu den letzten 5 M; die Arbeit wenden.
Nächste R (Hinr): 1 Dm arb, rechte M str bis R-Ende.
*** Nächste R (Rückr):** Rechte M str bis 5 M vor der letzten Dm; die Arbeit wenden.
Nächste R (Hinr): 1 Dm arb, rechte M str bis R-Ende *.
Die letzten 2 R von * bis * noch 1x wdh.
Nächste R (Rückr): Alle M rechts str, dabei die Dm jeweils als 1 M str.
Nächste R (Hinr): Alle M rechts str.
Nächste R (Rückr): 5 M rechts str; die Arbeit wenden.
Nächste R (Hinr): 1 Dm arb, rechte M str bis R-Ende.
**** Nächste R (Rückr):** Rechte M str bis 5 M nach der Dm; die Arbeit wenden.
Nächste R (Hinr): 1 Dm arb, rechte M str bis R-Ende **.
Die letzten 2 R von ** bis ** noch 1x wdh.
Nächste R (Rückr): Alle M rechts str.
Die linke Handstulpe mit einem Rollrandbündchen beenden, wie bei der rechten Handstulpe beschrieben.

Fertigstellen

Alle Fadenenden vernähen. Die Stulpen waschen und den angegebenen Maßen entsprechend spannen (z. B. auf einem Handtuch oder über einem Sockenspanner).

Nordisch

nachtblau mit gestreiftem Bündchen

GRÖSSEN

S/M: Umfang ca. 16 cm, Länge ca. 21 cm

M/L: Umfang ca. 18 cm, Länge ca. 23 cm

Die Angaben für Größe S/M stehen vor, für Größe M/L nach dem Schrägstrich. Steht nur eine Angabe, gilt diese für beide Größen.

MATERIAL

- BC Garn Loch Lomond (LL 150 m/50 g) in A Beige (Fb 013) und B Nachtblau (Fb 016), je 50 g
- Rundstricknadel 4,5 mm, mind. 60 cm lang, oder Nadelspiel 4,5 mm
- Wollnadel ohne Spitze
- Maschenmarkierer

MASCHENPROBE

Glatt rechts in Rd mit Nd 4,5 mm 16 M und 32 Rd = 10 cm x 10 cm, gewaschen und gespannt

Bündchenmuster

1 M links, 1 M rechts im Wechsel str.

Glatt rechts

In Rd alle M rechts str.

Anleitung

34/38 M mit der Rundstricknd oder dem Ndspiel 4,5 mm und Fb A in einer elastischen Technik (z. B. dem altdeutschen oder norwegischen Anschlag) anschl. Die Arbeit zur Rd schließen und den Rd-Beginn mit 1 MM kennzeichnen.

1. Rd (Fb A): Alle M im Bündchenmuster str.

2. Rd (Fb B): Alle M im Bündchenmuster str.

Die 1. und 2. Rd noch 10x (oder bis zur gewünschten Bündchenhöhe) wdh, dann die 1. Rd in Fb A noch 1x wdh.

Glatt rechts in Fb B weiterstr bis zu einer Gesamthöhe von 9/10 cm.

Zunahmen für den Daumen

Glatt rechts in Fb B weiterstr und dabei M für den Daumen zunehmen wie folgt:

Nächste Rd (Zunahme-Rd): 1 M rechts, 1 ML zunehmen, rechte M str bis 1 M vor Rd-Ende, 1 MR zunehmen, 1 M rechts (= 2 M zugenommen).

Nächste Rd: Alle M rechts str.

Die letzten 2 Rd noch 4/5x wdh (= 44/50 M).

Glatt rechts in Rd weiterstr bis zu einer Gesamthöhe von 6/7 cm.

Daumen

Nächste Rd: 6/7 M rechts str, die folgenden 32/36 M bis zu den letzten 6/7 M der Rd auf einem Maschenraffer oder einem Hilfsfaden stilllegen, 2 M durch Aufschlingen neu anschl und die Daumen-M zur Rd schließen (= 14/16 M).

3-4 cm glatt rechts str.

Alle Daumen-M locker abk.

Hand

Die stillgelegten 32/36 M für die Hand wieder in Arbeit nehmen, aus der Anschlagkante 2 M aufnehmen, in der Mitte zwischen den beiden aufgenommenen M 1 MM für den Rd-Beginn platzieren und die Arbeit zur Rd schließen (= 34/38 M).

In Rd glatt rechts str bis zu einer Gesamthöhe von 21/23 cm (oder bis zur gewünschten Höhe), dann alle M abk.

Die 2. Stulpe genauso arb.

Fertigstellen

Alle Fadenenden vernähen. Die Stulpen waschen und den angegebenen Maßen entsprechend spannen (z. B. auf einem Handtuch oder über einem Sockenspanner).

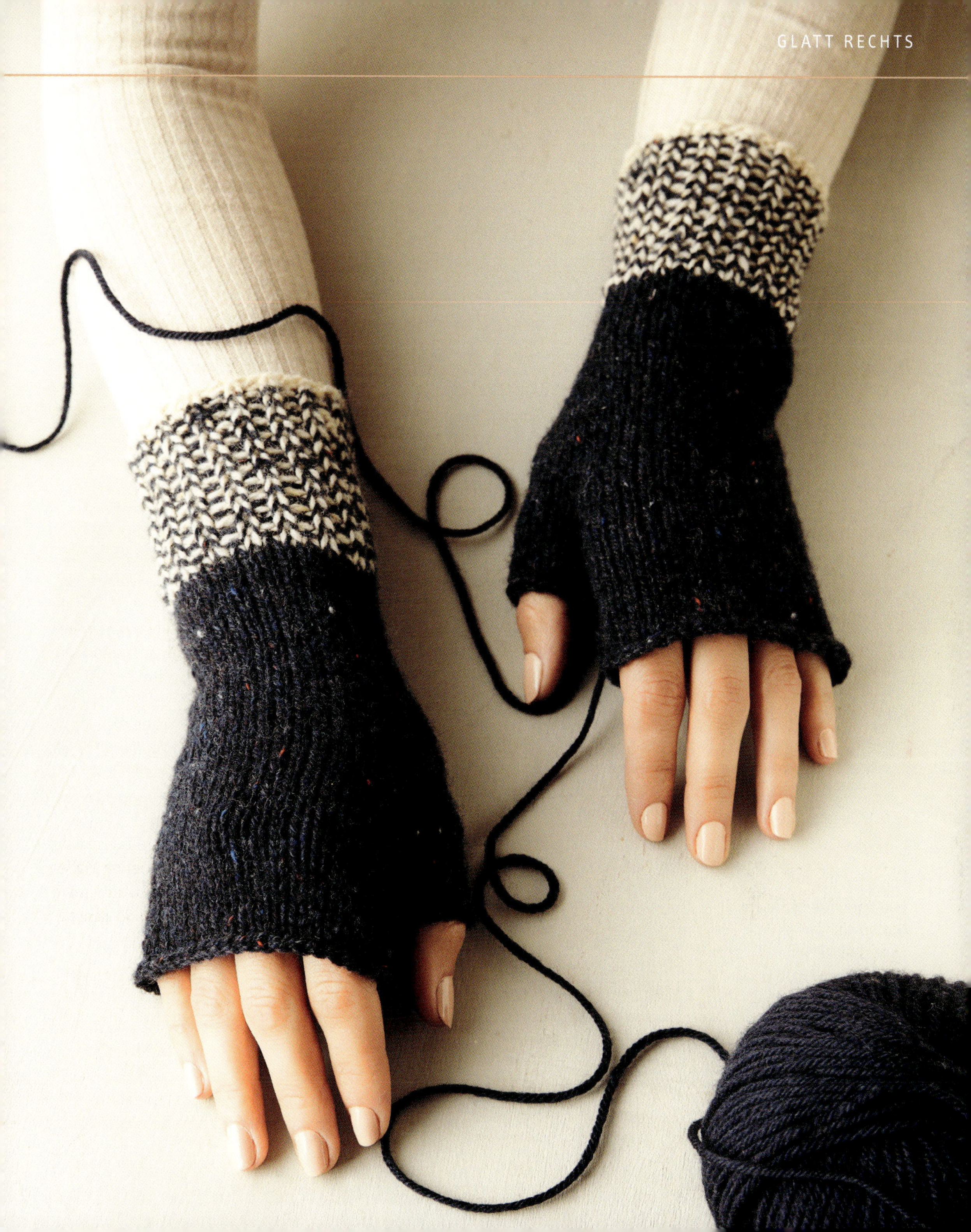

Farbverlauf

Handstulpen aus Sockengarn

GRÖSSEN

S/M: Umfang ca. 16 cm, Länge ca. 20 cm

M/L: Umfang ca. 18 cm, Länge ca. 24 cm

Die Angaben für Größe S/M stehen vor, für Größe M/L nach dem Schrägstrich. Steht nur eine Angabe, gilt diese für beide Größen.

MATERIAL

- Woll Butt Posina (LL 420 m/100 g) in Grau meliert (Fb 32778), 100 g
- Rundstricknadel 3,0 mm, mind. 60 cm lang, oder Nadelspiel 3,0 mm
- Maschenmarkierer
- Wollnadel

MASCHENPROBE

Im Rippenmuster in Rd mit Nd 3,0 mm 44 M und 42 Rd = 10 cm x 10 cm, gewaschen und ungedehnt

Rippenmuster

2 M rechts, 2 M links im Wechsel str.

Zunahmen

1 ML rechts (oder links) zunehmen: Um 1 Masche nach links geneigt zuzunehmen, mit der linken Nd den Querfaden zwischen der zuletzt gestrickten und der nächsten M von vorn nach hinten aufnehmen und mit der rechten Nd rechts (oder links) verschränkt abstr.

1 MR rechts (oder links) zunehmen: Um 1 M nach rechts geneigt zuzunehmen, mit der linken Nd den Querfaden zwischen der zuletzt gestrickten und der nächsten M von hinten nach vorn aufnehmen und mit der rechten Nd rechts (oder links) abstr.

Anleitung

Linke Handstulpe

* 60/68 M mit der Rundstricknd oder dem Ndspiel 3,0 mm in einer elastischen Technik (z. B. dem altdeutschen oder norwegischen Anschlag) anschl. Die Arbeit zur Rd schließen und den Rd-Beginn mit 1 MM kennzeichnen.

6 cm im Rippenmuster str. *

Zunahmen für den Daumen

Im eingeteilten Rippenmuster weiterstr, dabei in der nächsten und jeder 2. folgenden Rd für den Daumen M zunehmen wie folgt:

1. Rd: 2 M rechts, 1 ML rechts zunehmen, im eingeteilten Rippenmuster weiterstr bis Rd-Ende (= 1 M zugenommen).

2. Rd: 2 M rechts, 1 M rechts, im eingeteilten Rippenmuster weiterstr bis Rd-Ende.

3. Rd: 2 M rechts, 1 ML rechts zunehmen, 1 M rechts, im eingeteilten Rippenmuster weiterstr bis Rd-Ende (= 1 M zugenommen).

4. Rd: 2 M rechts, 2 M rechts, im eingeteilten Rippenmuster weiterstr bis Rd-Ende.

5. Rd: 2 M rechts, 1 ML links zunehmen, im eingeteilten Rippenmuster weiterstr bis Rd-Ende (= 1 M zugenommen).

6. Rd: 2 M rechts, 1 linke M, 2 M rechts, im eingeteilten Rippenmuster weiterstr bis Rd-Ende.

7. Rd: 2 M rechts, 1 ML links zunehmen, 1 M links, 2 M rechts, im eingeteilten Rippenmuster weiterstr bis Rd-Ende (= 1 M zugenommen).

8. Rd: 2 M rechts, 2 M links, 2 M rechts, im eingeteilten Rippenmuster weiterstr bis Rd-Ende.

Die 1.-8. Rd noch 2/3x wdh (= weitere 8/12 M zugenommen).

Nach der letzten Zunahmerunde sind für den Daumen insgesamt 12/16 M zugenommen (= 72/84 M).

Weitere 3 cm im Rippenmuster ohne Zunahmen arb, dann Daumen und Hand getrennt beenden.

Daumen

Nächste Rd: Die ersten 56/64 M auf einem Maschenraffer oder einem Hilfsfaden stilllegen, die restlichen 16/20 M im eingeteilten Rippenmuster arb, 4 M durch Aufschlingen neu anschl und die Daumen-M

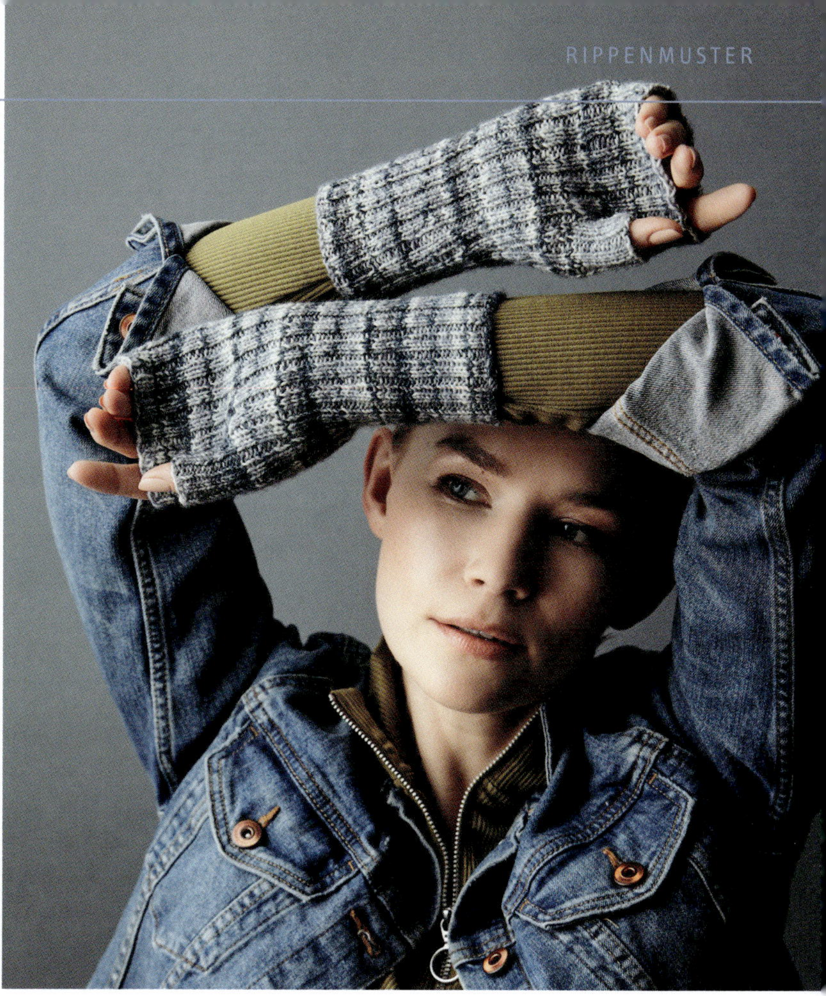

zur Rd schließen (= 20/24 M für den Daumen).
** Den Daumen im eingeteilten Rippenmuster in Rd weiterstr bis zu einer Höhe von 3-4 cm, dann alle M locker abk.

Hand

Die stillgelegten 56/64 M wieder in Arbeit nehmen, aus der Anschlagkante insgesamt 4 M aufnehmen. Die Arbeit zur Rd schließen und mittig zwischen den neu aufgenommenen M 1 MM für den Rd-Beginn platzieren (= 60/68 M für die Hand).
Im eingeteilten Rippenmuster in Rd weiterstr bis zu einer Höhe von 6/8 cm ab M-Aufnahme. Alle M locker abk **.

Rechte Handstulpe

Die rechte Handstulpe str, wie bei der linken Handstulpe von * bis * beschrieben.

Zunahmen für den Daumen

1. Rd: Im eingeteilten Rippenmuster str bis Rd-Ende, 1 MR rechts zunehmen (= 1 M zugenommen).
2. Rd: Im eingeteilten Rippenmuster str bis zur letzten M, 1 M rechts.
3. Rd: Im eingeteilten Rippenmuster str bis zur letzten M, 1 M rechts, 1 MR rechts zunehmen (= 1 M zugenommen).
4. Rd: Im eingeteilten Rippenmuster str bis zu den letzten 2 M, 2 M rechts.
5. Rd: Im eingeteilten Rippenmuster str bis Rd-Ende, 1 MR links zunehmen (= 1 M zugenommen).
6. Rd: Im eingeteilten Rippenmuster str bis zur letzten M, 1 M links.
7. Rd: Im eingeteilten Rippenmuster str bis zur letzten M, 1 M links, 1 MR links zunehmen (= 1 M zugenommen).
8. Rd: Im eingeteilten Rippenmuster str bis zu den letzten 2 M, 2 M links.

Die 1.-8. Rd noch 2/3x wdh (= weitere 8/12 M zugenommen).
Nach der letzten Zunahmerunde sind für den Daumen insgesamt 12/16 M zugenommen (= 72/84 M).

Daumen

Nächste Rd: Die ersten 16/20 M im eingeteilten Rippenmuster arb, die folgenden 56/64 M auf einem Hilfsfaden stilllegen, 4 M durch Aufschlingen neu anschl und die Daumen-M zur Rd schließen (= 20/24 M für den Daumen).
Die rechte Handstulpe beenden, wie bei der linken Handstulpe von ** bis ** beschrieben.

Fertigstellen

Alle Fadenenden vernähen. Die Stulpen waschen und den angegebenen Maßen entsprechend spannen (z. B. auf einem Handtuch oder über einem Sockenspanner).

Himmel und Erde

Handstulpen im falschen Patentmuster

GRÖSSEN

S/M: Umfang ca. 16 cm, Länge ca. 20 cm

M/L: Umfang ca. 18 cm, Länge ca. 20 cm

Die Angaben für Größe S/M stehen vor, für Größe M/L nach dem Schrägstrich. Steht nur eine Angabe, gilt diese für beide Größen.

MATERIAL

- Lana Grossa Cool Wool Lace (LL 400 m/50 g) in A Nougat (Fb 041), B Rohweiß (Fb 014) und C Pastellblau (Fb 034), je 50 g
- Rundstricknadel 4,0 mm, mind. 60 cm lang, oder Nadelspiel 4,0 mm
- Maschenmarkierer
- Wollnadel

MASCHENPROBE

Im falschen Patentmuster in Rd mit Nd 4,0 mm und dreifachem Faden 26 M und 41 Rd = 10 cm x 10 cm, gewaschen und ungedehnt

Falsches Patentmuster

1. Rd: * 2 M rechts, 1 M links, 1 M rechts; ab * stets wdh,

2. Rd: * 1 M rechts, 3 M links; ab * stets wdh.

Die 1. und 2. Rd stets wdh.

Zunahmen mit Links- oder Rechtsneigung

1 ML zunehmen: Um 1 M mit Linksneigung zuzunehmen, mit der linken Nd den Querfaden zwischen der zuletzt gestrickten und der nächsten M von vorn nach hinten aufnehmen und mit der rechten Nd rechts verschränkt abstr.

1 MR zunehmen: Um 1 Masche nach rechts geneigt zuzunehmen, mit der linken Nd den Querfaden zwischen der zuletzt gestrickten und der nächsten M von hinten nach vorn aufnehmen und mit der rechten Nd rechts abstr.

Farbfolge

Die Handstulpen werden mit dreifachem Faden gestrickt, wobei für die Fb-Folge jeweils 1 Faden der 3 Fäden ausgewechselt wird wie folgt:

1. Handstulpe

1.-16. Rd: 3 Fäden in Fb A.

17.-32. Rd: 2 Fäden in Fb A und 1 Faden in Fb B.

33.-48. Rd: 1 Faden in Fb A und 2 Fäden in Fb B.

49.+50. Rd: 3 Fäden in Fb B.

51.-66. Rd: 2 Fäden in Fb B und 1 Faden in Fb C.

67.-78. Rd: 1 Faden in Fb B und 2 Fäden in Fb C.

79.-94. Rd: 3 Fäden in Fb C.

2. Handstulpe

1.-16. Rd: 3 Fäden in Fb C.

17.-32. Rd: 2 Fäden in Fb C und 1 Faden in Fb B.

33.-48. Rd: 1 Faden in Fb C und 2 Fäden in Fb B.

49.+50. Rd: 3 Fäden in Fb B.

51.-66. Rd: 2 Fäden in Fb B und 1 Faden in Fb A.

67.-78. Rd: 1 Faden in Fb B und 2 Fäden in Fb A.

79.-94. Rd: 3 Fäden in Fb A.

Hinweis: Die Handstulpen werden mit dreifachem Faden gestrickt.

Anleitung

36/40 M mit der Rundstricknd oder dem Ndspiel 4,0 mm und 3 Fäden in Fb A in einer elastischen Technik (z. B. dem altdeutschen oder norwegischen Anschlag) anschl. Die Arbeit zur Rd schließen und den Rd-Beginn mit 1 MM kennzeichnen. Im falschen Patentmuster in Rd str, dabei für den Fb-Verlauf jeweils 1 Faden auswechseln, wie unter „Farbfolge“ beschrieben, und ab der 51. Rd M für den Daumen zunehmen wie folgt; die zugenommenen M ins falsche Patentmuster integrieren.

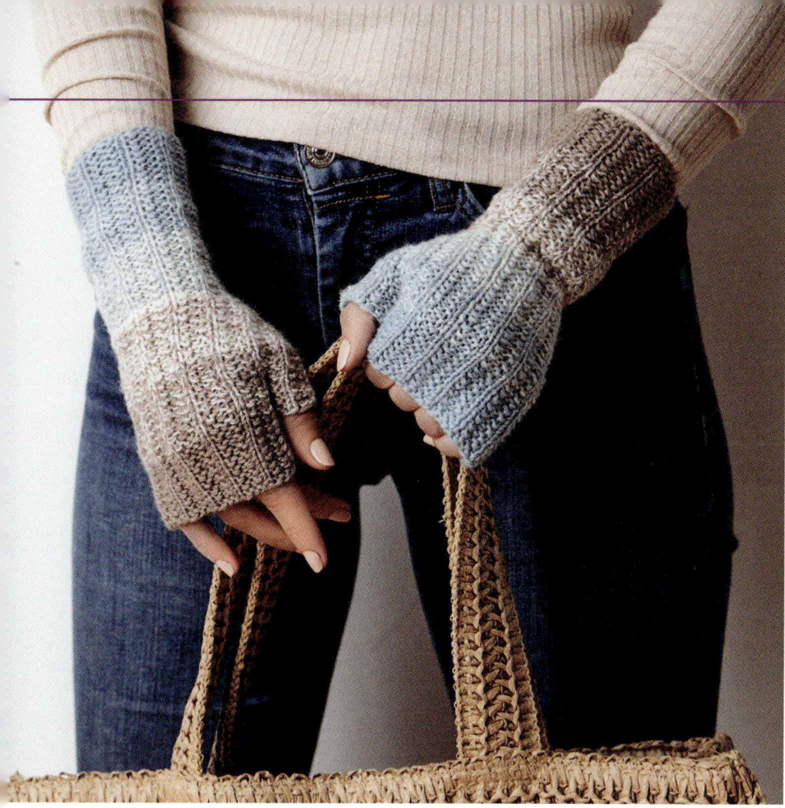

67.-70. Rd: Mustergemäß im Fb-Verlauf str.
71. Rd: 8 M mustergemäß arb, die nächsten 37/41 M für die Hand auf einem Maschenraffer oder einem Hilfsfaden stilllegen, 1/5 M durch Aufschlingen neu anschl, die letzten 7 M mustergemäß str. Die Arbeit zur Rd schließen und den Rd-Beginn mit 1 MM kennzeichnen (= 16/20 M für den Daumen).

Daumen

72.-77.Rd: Mustergemäß in Rd über alle 16/20 Daumen-M str, dabei die Fb-Folge beachten.
Alle M mustergemäß abk.

Hand

Die stillgelegten 37/41 M wieder in Arbeit nehmen, aus der Anschlagkante sowie aus dem Übergang zwischen Daumen und Hand insgesamt 3/7 M aufnehmen. Die Arbeit zur Rd schließen und den Rd-Beginn mit 1 MM kennzeichnen (= 40/48 M für die Hand).
Mustergemäß in Rd weiterarb. Nach der 78. Rd den letzten Fadenwechsel vornehmen und in der 94. Rd alle M mustergemäß abk.
Die 2. Handstulpe genauso, jedoch in der umgekehrten Fb-Folge str.

Fertigstellen

Alle Fadenenden vernähen. Die Stulpen waschen und den angegebenen Maßen entsprechend spannen (z. B. auf einem Handtuch oder über einem Sockenspanner).

Zunahmen für den Daumen

51. Rd: 2 M rechts, 1 M links, 1 ML zunehmen, mustergemäß str bis zu den letzten 2 M, 1 MR zunehmen, 1 M links, 1 M rechts (= 2 M zugenommen).
52. Rd: 1 M rechts, 3 M links, mustergemäß str bis zu den letzten 3 M, 3 M links.
53. Rd: 2 M rechts, 1 M links, 1 ML zunehmen, 1 M links, mustergemäß str bis zu den letzten 3 M, 1 M links, 1 MR zunehmen, 1 M links, 1 M rechts (= 2 M zugenommen).
54. Rd: 1 M rechts, 4 links, mustergemäß str bis zu den letzten 4 M, 4 M links.
55. Rd: 2 M rechts, 1 M links, 1 ML zunehmen, 1 M rechts, 1 M links, mustergemäß str bis zu den letzten 4 M, 1 M links, 1 M rechts, 1 MR zunehmen, 1 M links, 1 M rechts (= 2 M zugenommen).
56. Rd: 1 M rechts, 2 M links, 1 M rechts, 2 M links, mustergemäß str bis zu den letzten 5 M, 2 M links, 1 M rechts, 2 M links.
57. Rd: 2 M rechts, 1 M links, 1 ML zunehmen, 2 M rechts, 1 M links, mustergemäß str bis zu den letzten 5 M, 1 M links, 2 M rechts, 1 MR zunehmen, 1 M links, 1 M rechts (= 2 M zugenommen).
58. Rd: 1 M rechts, 3 M links, 1 M rechts, 2 M links, mustergemäß str bis zu den letzten 6 M, 2 M links, 1 M rechts, 3 M links.
59.-66. Rd: Die 51.-58.Rh 1x wdh (= weitere 8 M zugenommen).

Der Allrounder

Beinstulpen mit Schlitz

GRÖSSE

Einheitsgröße (S-M)

Wadenumfang: 26-30 cm

Länge: 30 cm

MATERIAL

- LangYarns Yak (LL 120 m/50 g) in Camel melange (Fb 039), 100 g
- Rundstricknadel 4,5 mm, mind. 60 cm lang
- 1 Stricknadel 4,5 mm zum Abketten in 3-Nadel-Technik
- Häkelnadel 4,5 mm und glattes Hilfsgarn in einer Kontrastfarbe für den provisorischen Maschenanschlag
- Wollnadel

MASCHENPROBE

Kraus rechts mit Nd 4,5 mm 18 M und 40 R = 10 cm x 10 cm, gewaschen und gespannt

Kraus rechts

In R alle M rechts str.

Anleitung

Die Stulpen werden quer in Hin- und Rückr gestrickt. Die Rundstricknd dient nur dem bequemeren Str; die Arbeit wird nicht zur Rd geschlossen.

Für einen provisorischen M-Anschlag mit der Häkelnd 4,5 mm und dem kontrastfarbenen Hilfsgarn 40 Lm häkeln. Mit der Rundstricknd 4,5 mm und dem Strickgarn 20 M anschl, dann aus den höckerartigen M-Gliedern auf der Rückseite der Lm-Kette 40 M herausstr (= 60 M).

In Hin- und Rückr kraus rechts str, bis das Strickteil um die Wade passt. An der Seite enden, an der mit dem M-Anschlag begonnen wurde.

Nächste R: 20 M abk, die 40 M des provisorischen M-Anschlags auf eine freie Nd 4,5 mm auffassen, den Hilfsfaden vorsichtig aus den M lösen und die Nd mit den aufgefassten M parallel hinter die Nd mit den aktuellen M halten. Mit einer 3. Nd wie zum Rechtsstr in die jeweils 1. M der vorderen und der hinteren Nd einstechen; beide M rechts zusammenstr und von den Nd gleiten lassen. * Die nächsten beiden M (jeweils 1 M der vorderen und der hinteren Nd) genauso zusammenstr. Die 1. M auf der rechten Nd über die 2. M ziehen, um sie abzuketten. Ab * stets wdh, bis alle M abgekettet sind.

Die 2. Beinstulpe genauso str.

Fertigstellen

Alle Fadenenden vernähen. Die Stulpen waschen und den angegebenen Maßen entsprechend spannen (z. B. auf einem Handtuch oder über einem Sockenspanner).

Mein Tipp für Sie

Größe anpassen Länge und Weite dieser Stulpen lassen sich ganz einfach individuell anpassen: Für längere Stulpen mehr Maschen anschlagen, für engere oder weitere Stulpen weniger oder mehr Reihen stricken.

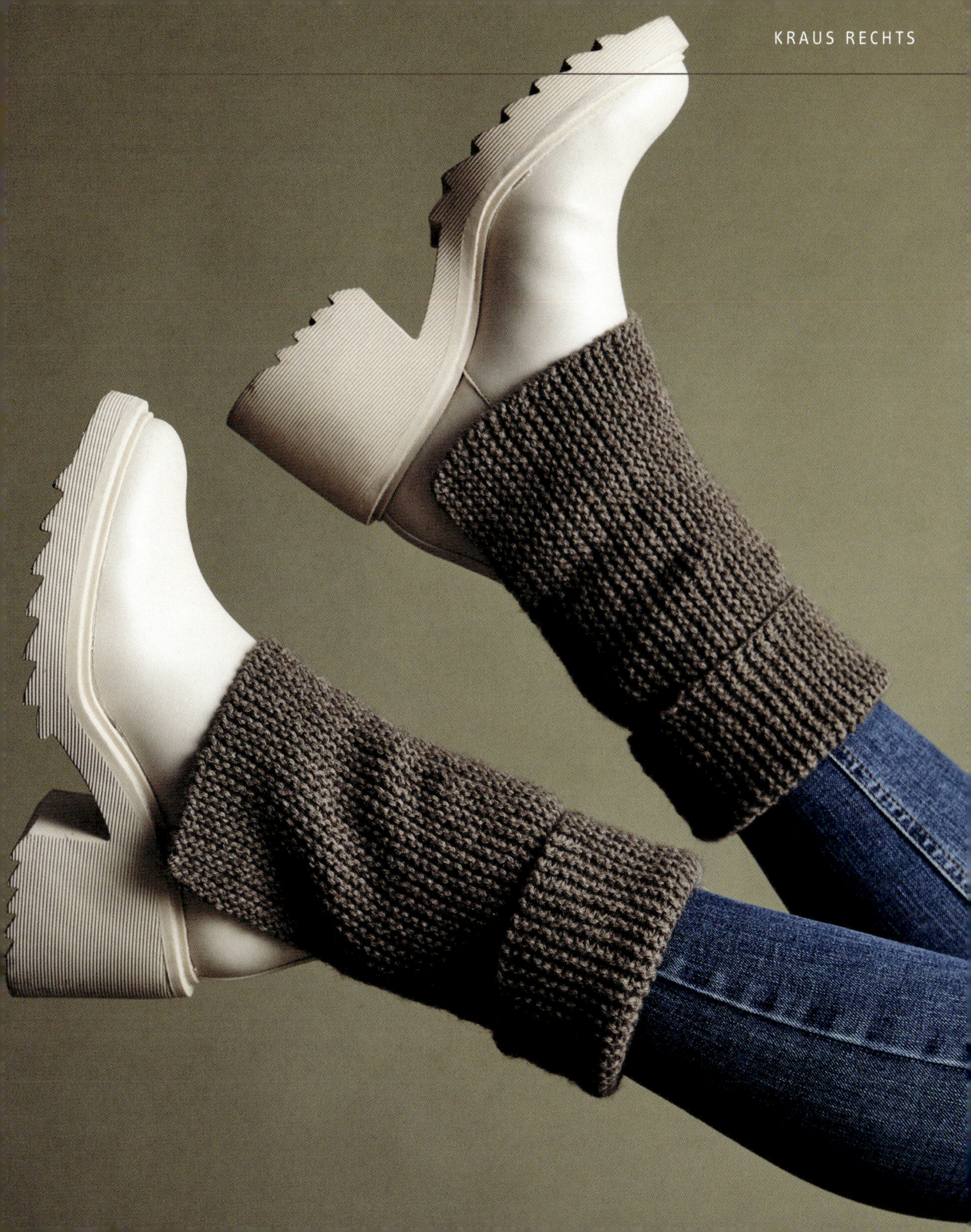

Auf der Spitze

Pulswärmer aus Mohair

GRÖSSEN

S/M: Umfang ca. 16 cm,
Länge ca. 22 cm

M/L: Umfang ca. 18 cm,
Länge ca. 22 cm

Die Angaben für Größe S/M stehen vor, für Größe M/L nach dem Schrägstrich. Steht nur eine Angabe, gilt diese für beide Größen.

MATERIAL

- LangYarns Mohair Luxe (LL 175 m/ 25 g) in A Grün (Fb 198) und B Petrol (Fb 288), je 25 g
- Rundstricknadel 3,5–4,0 mm, mind. 60 cm lang, oder Nadelspiel 3,5–4,0 mm
- Maschenmarkierer
- Wollnadel

MASCHENPROBE

Glatt rechts in Rd mit Nd 3,5–4,0 mm und doppeltem Faden
22 M und 25 Rd = 10 cm x 10 cm

Hinweis: Die Pulswärmer werden mit doppeltem Faden gestrickt.

Anleitung

36/40 M mit Nd 3,5–4,0 mm und doppeltem Faden in Fb B anschl.
Die Arbeit zur Rd schließen und den Rd-Beginn mit 1 MM kennzeichnen.
1 Rd rechte M und 1 Rd linke M str (= 1 Krausrippe).
Nun im Zackenmuster weiterstr wie folgt:
1. Rd: * 1 M rechts, 1 M aus dem Querfaden zunehmen, 7/8 M rechts, 3 M rechts abgehoben zusammenstr (= 2 M rechts abheben, 1 M rechts str, die abgehobenen M überziehen), 7/8 M rechts, 1 M zunehmen; ab * noch 1x wdh.
2. Rd: Alle M rechts str.
Die 1. und 2. Rd stets wdh.
In dieser Mustereinteilung str wie folgt:
16 Rd mit 2 Fäden in Fb A str.
10 Rd mit je 1 Faden in Fb A und B str.
16 Rd mit 2 Fäden in Fb B str.
Mit doppeltem Faden in Fb B 1 Rd rechte M und 1 Rd linke M str (= 1 Krausrippe).
Alle M abk.
Die 2. Stulpe genauso arb.

Fertigstellen

Alle Fadenenden vernähen. Die Stulpen flach ausbreiten und mit einem feuchten Tuch bedeckt trocknen lassen, damit sich das Gestrick entspannt.

Mein Tipp für Sie

Tragevarianten Diese Handstulpen haben kein Daumenloch und können deshalb mit dem petrolfarbenen oder mit dem grünen Ende zur Hand hin getragen werden.

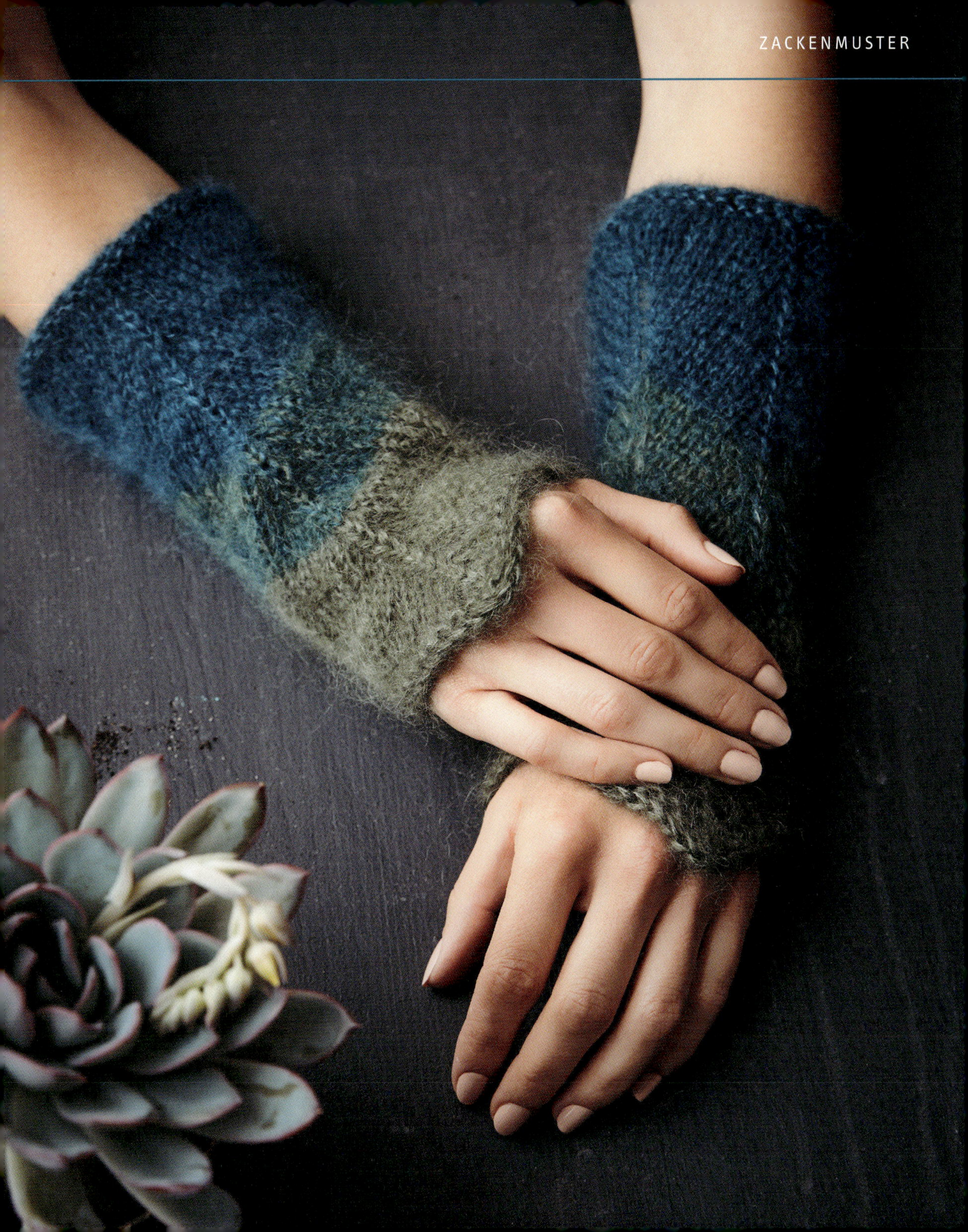

Sparkling Waves

Handstulpen mit Rhombenmotiv

Kraus rechts
In Rd 1 Rd linke M und 1 Rd rechte M im Wechsel str.

Hebemaschenmuster
Es wird in jeder Rd nur mit einer Fb gestrickt. Die Konturlinien der Rhombenmotive entstehen durch Hebe-M.
Gemäß Anleitung die M für die Oberseite der Stulpen nach der Strickschrift str, dabei für Größe S/M die 2.-19. M und für Größe M/L die 1.-20. M arb. 2x die 1.-42. Rd str.

Hinweis: Die Pulswärmer werden mit doppeltem Faden gestrickt.

Anleitung

Rechte Handstulpe
36/40 M mit der Rundstricknd oder dem Ndspiel 2,5–3,0 mm und doppeltem Faden in Fb A anschl. Die Arbeit zur Rd schließen und den Rd-Beginn mit 1 MM kennzeichnen.
Kraus rechts in Rd weiterstr, dabei alle 2 Rd zwischen Fb A und Fb B wechseln und die Rhombenmotive auf der Oberseite der Handstulpen gemäß Strickschrift einstr wie folgt: Über die ersten 18/20 M der Rd die 2.-19./1.-20. M der Strickschrift arb, die zweiten 18/20 M der Rd kraus rechts str.
In dieser Einteilung 1x die 1.-42. Rd der Strickschrift str, dann die 1.-7. Rd der Strickschrift noch 1x wdh.

Zunahmen für den Daumen
Nächste Rd (8. Rd der Strickschrift): Mustergemäß str, dabei vor der 18./19. M und nach der 19./20. M je 1 MM platzieren.
Nächste Rd (Zunahme-Rd): Mustergemäß str bis zum 1. MM, MM abheben, 1 M aus dem Querfaden zunehmen, mustergemäß weiterstr bis zum 2. MM, 1 M aus dem Querfaden zunehmen, MM abheben, mustergemäß weiterstr bis zum Rd-Ende. Mustergemäß weiterstr und die Zunahme-Rd noch 5/6x in jeder 2. Rd wdh.
In der 20. Rd des 2. Höhenrapports der Strickschrift (Fb A) die M für den Daumen stilllegen wie folgt: 17/19 M mustergemäß str, 14/16 M für den Daumen stilllegen, 2 M durch Aufschlingen neu anschl, 17/19 M mustergemäß str (= 36/40 M).

Hand
Mustergemäß in der gegebenen Einteilung weiterstr bis zum Ende der 42. Rd des 2. Rapports.
Alle M abk.

Daumen
Die 14/16 Daumen-M wieder in Arbeit nehmen und aus den neu angeschlagenen M 2 M herausstr. Die Arbeit zur Rd schließen und den Rd-Beginn mit 1 MM kennzeichnen (= 16/18 M).
8 Rd kraus rechts in der Fb-Folge str.
Alle M abk.

Linke Handstulpe
Wie die rechte Handstulpe str, jedoch die 1.-18./1.-20. M kraus rechts und die 19.-36./21.-40. M nach der Strickschrift str. Die Zunahmen für den Daumen und den Daumen str, wie bei der rechten Handstulpe beschrieben.

Fertigstellen
Alle Fadenenden vernähen. Die Stulpen waschen und den angegebenen Maßen entsprechend spannen (z. B. auf einem Handtuch oder über einem Sockenspanner).

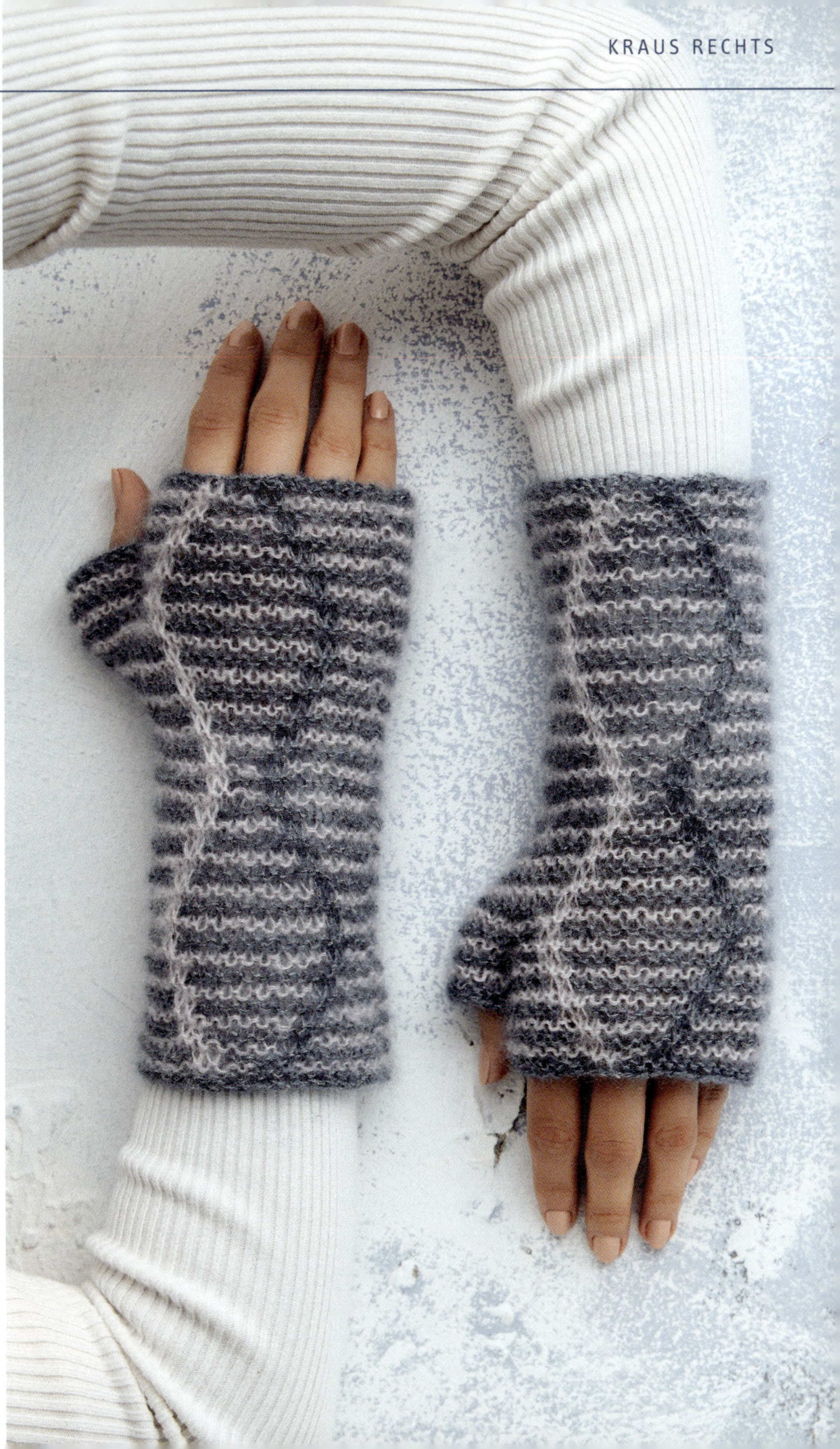

GRÖSSEN

S/M: Umfang ca. 16 cm, Länge ca. 19 cm

M/L: Umfang ca. 18 cm, Länge ca. 19 cm

Die Angaben für Größe S/M stehen vor, für Größe M/L nach dem Schrägstrich. Steht nur eine Angabe, gilt diese für beide Größen.

MATERIAL

- LangYarns Mohair Lace Lamé (LL 310 m/25 g) in A Grau (Fb 0005) und B Zartrosa (Fb 0009), je 25 g
- Rundstricknadel 3,5–4,0 mm, mind. 60 cm lang, oder Nadelspiel 3,5–4,0 mm
- 3 Maschenmarkierer
- Wollnadel

MASCHENPROBE

Kraus rechts in Rd mit Nd 2,5–3,0 mm und doppeltem Faden 22 M und 40 Rd = 10 cm x 10 cm

STRICKSCHRIFT

Vorlagenbogen A

Twisted Stitches

Handstulpen mit Zopfmuster

GRÖSSEN
S/M: Umfang ca. 16 cm,
Länge ca. 18 cm

M/L: Umfang ca. 18 cm,
Länge ca. 18 cm

Die Angaben für Größe S/M stehen vor, für Größe M/L nach dem Schrägstrich. Steht nur eine Angabe, gilt diese für beide Größen.

MATERIAL

- Regia Premium Alpaca Soft (LL 310 m/100 g) in Berry meliert (Fb 84), 100 g
- Rundstricknadel 2,5-3,0 mm, mind. 60 cm lang, oder Nadelspiel 2,5-3,0 mm
- Zopfnadel
- 3 Maschenmarkierer
- Maschenraffer oder Hilfsgarn
- Wollnadel

MASCHENPROBE
Im Zopfmuster in Rd mit Nd 2,5-3,0 mm
29 M und 30 Rd
= 10 cm x 10 cm

STRICKSCHRIFT
Vorlagenbogen B

Rippenmuster
Siehe Anleitung.

Zopfmuster
Nach der Strickschrift str.

Anleitung

Rechte Handstulpe
48/52 M mit der Rundstricknd oder dem Ndspiel 2,5-3,0 mm anschl. Die Arbeit zur Rd schließen und den Rd-Beginn mit 1 MM kennzeichnen.
Das Bündchen im Rippenmuster str wie folgt:
1. Rd: * 1/2 M links, 7x [1 M rechts verschränkt, 2 M links], 1 M rechts verschränkt, 1/2 M links; ab * 1x wdh.
Diese Rd noch 15x wdh, bis das Bündchen ca. 5 cm hoch ist.
Nun im Zopf- und im Rippenmuster in folgender Einteilung weiterstr:
Nächste Rd: 0/1 M links, über die nächsten 24 M die 1. Rd der Strickschrift str, 0/1 M links, im eingeteilten Rippenmuster weiterstr bis Rd-Ende.
In dieser Einteilung weiterstr, dabei jeweils die nächste Rd der Strickschrift arb bis zum Ende der 18. Rd der Strickschrift, in der letzten Rd jeweils 1 MM vor der 24./25 und nach der 25./26. M platzieren.

Zunahmen für den Daumen
In der 19. Rd der Strickschrift mit den Zunahmen für den Daumen beginnen wie folgt:
Nächste Rd (Zunahme-Rd): Mustergemäß str bis zum 1. MM, MM abheben, 1 M aus dem Querfaden zunehmen, linke M str bis zum nächsten MM, 1 M aus dem Querfaden zunehmen, MM abheben, mustergemäß weiterstr bis Rd-Ende.
Mustergemäß weiterstr, dabei die Zunahme-Rd noch 5/6x in jeder 2. Rd wdh; die Daumen-M zwischen den MM links str (= 14/17 Daumen-M nach der letzten Zunahme-Rd).
In der 32. Rd der Strickschrift die Daumen-M abteilen wie folgt: 23/24 M mustergemäß str, die nächsten 14/17 M für den Daumen auf einem Maschenraffer oder einem Hilfsfaden stilllegen, 2 M durch Aufschlingen neu anschl, 23/24 M mustergemäß str bis Rd-Ende (= 48/52 M für die Hand).

Hand
In der gegebenen Einteilung nach der Strickschrift und im Rippenmuster weiterstr bis zum Ende der Strickschrift.
Alle M abk.

Daumen
Die Daumenmaschen wieder in Arbeit nehmen und aus den neu angeschlagenen M 2 M herausstr (= 14/16 M).
Die Arbeit zur Rd schließen und den Rd-Beginn mit 1 MM kennzeichnen.
2 Rd linke M str, dann alle M abk.

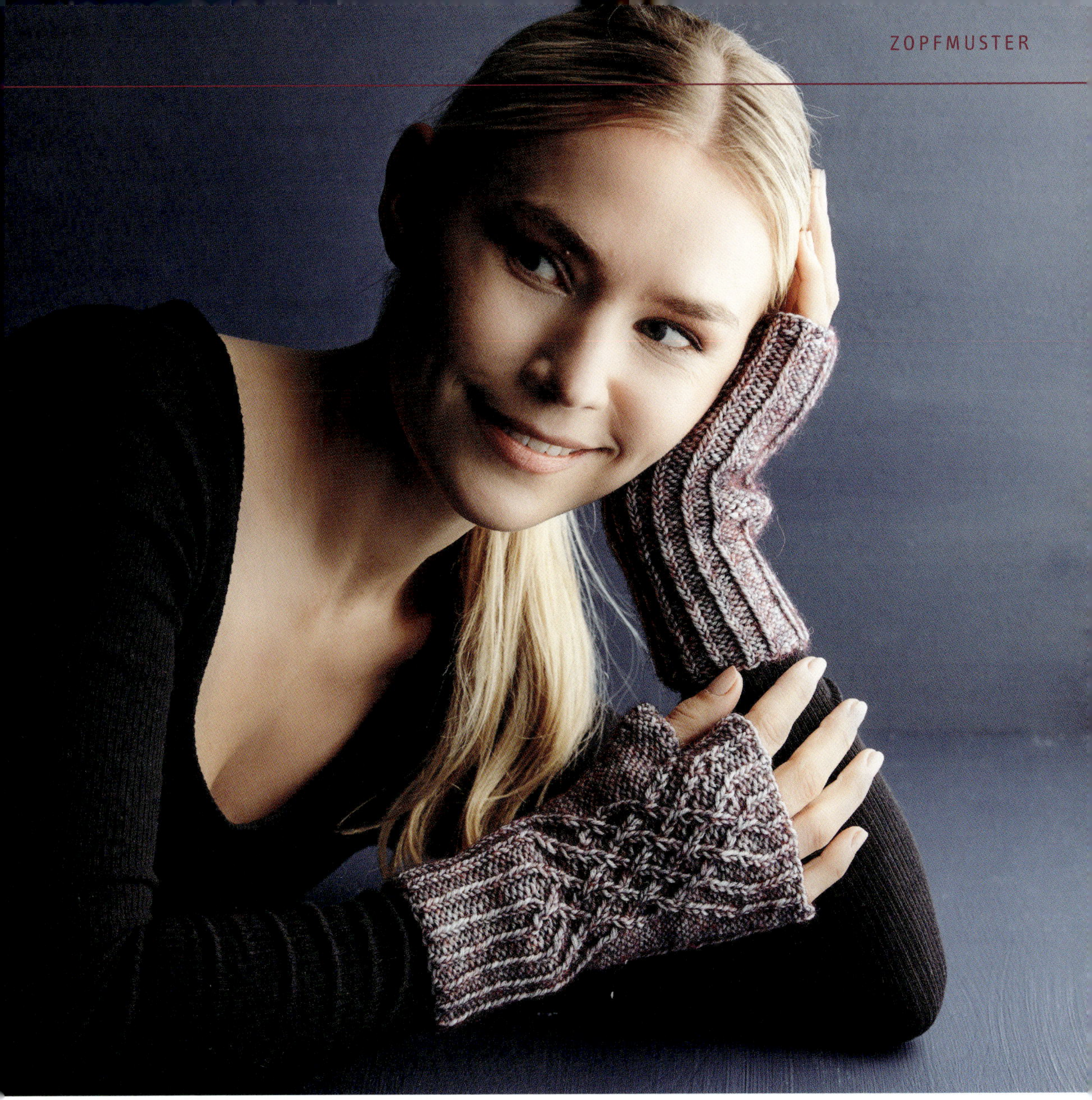

Linke Handstulpe

Die linke Handstulpe wie die rechte str, jedoch die 1.-24./26. M im Rippenmuster, die 25.-48./27.-52. M nach der Strickschrift arb. Die Zunahmen für den Daumen und den Daumen str, wie bei der rechten Handstulpe beschrieben.

Fertigstellen

Alle Fadenenden vernähen. Die Stulpen waschen und den angegebenen Maßen entsprechend spannen (z. B. auf einem Handtuch oder über einem Sockenspanner).

Horizontale Maschen

raffiniertes Rippenmuster

GRÖSSEN

S/M: Umfang ca. 16 cm, Länge ca. 18 cm

M/L: Umfang ca. 18 cm, Länge ca. 18 cm

Die Angaben für Größe S/M stehen vor, für Größe M/L nach dem Schrägstrich. Steht nur eine Angabe, gilt diese für beide Größen.

MATERIAL

- Regia Premium Alpaca Soft (LL 310 m/100 g) in Mint meliert (Fb 62), 100 g
- Rundstricknadel 2,5-3,0 mm, mind. 60 cm lang, oder Nadelspiel 2,5-3,0 mm
- 3 Maschenmarkierer
- Maschenraffer oder Hilfsgarn
- Wollnadel

MASCHENPROBE

Im Rippenmuster in Rd mit Nd 2,5-3,0 mm 26 M und 30 Rd = 10 cm x 10 cm

Rippenmuster mit querliegender Runde

1. Rd: 1 M rechts, 1 M links, * 3 M rechts, 1 M links; ab * stets wdh bis zu den letzten 2 M, 2 M rechts.
Die 1. Rd noch 8x wdh.
9. Rd (querliegende Rd): ** 1 M rechts, zwischen den nächsten 2 M 1 M rechts herausstr und auf die linke Nd heben, * hinter der 1. M die 2. M der linken Nd rechts str, dann die 1. M rechts str und beide M zusammen von der linken Nd gleiten lassen; die 1. M der rechten Nd zurück auf die linke Nd heben; von * bis * einschließlich der 23. M (das ist 1 linke M der Vorrd) wdh, diese zurückgehobene M mit der folgenden M rechts zusammenstr (damit ist die Zunahme am Rd-Beginn wieder ausgeglichen), 1 M rechts (= 24 M). Ab ** über die 2. Hälfte der Rd wdh.
Die 1.-9. Rd bilden den Höhenrapport des Musters.

Anleitung

48 M mit der Rundstricknd oder dem Ndspiel 2,5-3,0 mm anschl. Die Arbeit zur Rd schließen und den Rd-Beginn mit 1 MM kennzeichnen.
3x die 1.-9. Rd des Rippenmusters mit querliegender Rd str, dann mit den Zunahmen für den Daumen beginnen, dazu in der letzten Rd vor der 23. und nach der 25. M jeweils 1 MM platzieren.

Zunahmen für den Daumen

Nächste Rd (Zunahme-Rd): Mustergemäß str bis zum 1. MM, MM abheben, 1 M rechts verschränkt aus dem Querfaden zunehmen, rechte M str bis zum nächsten MM, 1 M rechts verschränkt aus dem Querfaden zunehmen, MM abheben, mustergemäß str bis Rd-Ende.
Mustergemäß im Rippenmuster mit querliegender Rd weiterstr, dabei die Zunahme-Rd noch 6x in jeder 2. Rd wdh und die Daumen-M zwischen den MM glatt rechts str (= 17 Daumen-M nach der letzten Zunahme-Rd).
In der nächsten Rd die Daumen-M abteilen wie folgt: 22 M mustergemäß str, die nächsten 17 M für den Daumen auf einem Maschenraffer oder einem Hilfsfaden stilllegen, 3 M durch Aufschlingen neu anschl, 23 M mustergemäß str (= 48 M für die Hand).

Hand

Im eingeteilten Muster weiterstr. Nach dem 5. Höhenrapport des Rippenmusters mit querliegender Rd * 1 Rd rechte M, 1 querliegende Rd (= 9. Rd des Musters) str; ab * noch 1x wdh. 1 Rd rechte M str, dann alle M locker abk.

Daumen

Die stillgelegten Daumenmaschen wieder in Arbeit nehmen und aus den 3 neu angeschlagenen M am Übergang 3 M aufnehmen.

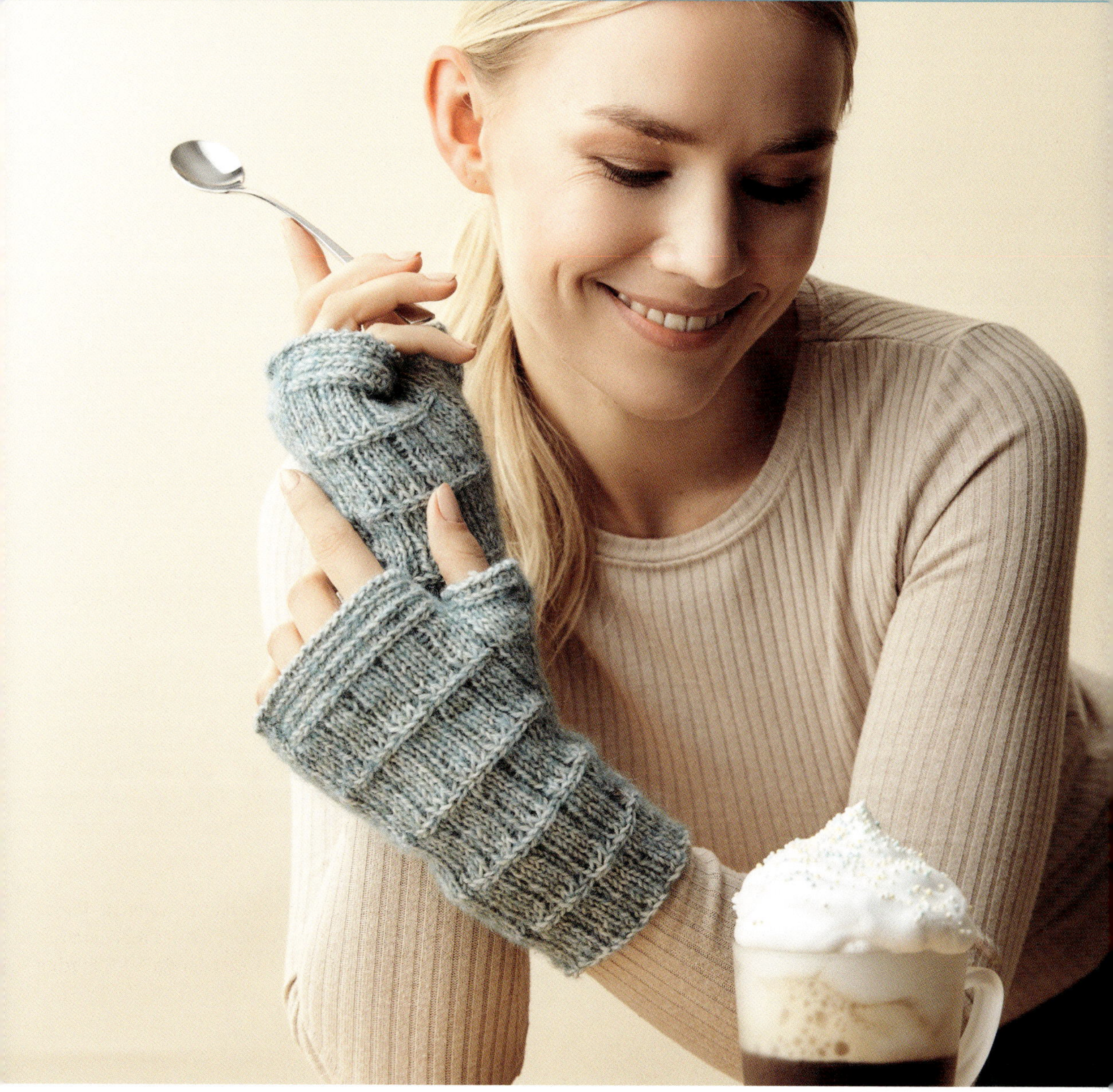

2 Rd rechte M str, dann 1 querliegende Rd str.
Alle M abk.
Die 2. Stulpe genauso str.

Fertigstellen

Alle Fadenenden vernähen. Die Stulpen waschen und den angegebenen Maßen entsprechend spannen (z. B. auf einem Handtuch oder über einem Sockenspanner).

Kunstvoll verbunden

Handstulpen im Smokmuster

GRÖSSE

S/M: Umfang ca. 16 cm, Länge ca. 19 cm

M/L: Umfang ca. 18 cm, Länge ca. 19 cm

Die Stulpen sind besonders dehnbar und passen daher Größe S-L.

Die Angaben für Größe S/M stehen vor, für Größe M/L nach dem Schrägstrich. Steht nur eine Angabe, gilt diese für beide Größen.

MATERIAL

- Regia Premium Cashmere (LL 400 m/100 g) in Campanula (Fb 51), 100 g
- Rundstricknadel 2,5-3,0 mm, mind. 60 cm lang, oder Nadelspiel 2,5-3,0 mm
- Hilfsnadel
- Maschenmarkierer
- Maschenraffer oder Hilfsgarn
- Wollnadel

MASCHENPROBE

Glatt rechts in Rd mit Nd 2,5-3,0 mm 40 M und 32 Rd = 10 cm x 10 cm

Smokmuster

1. Rd: 1 M links, * 2 M rechts, 2 M links; ab * fortlaufend wdh bis zur letzten M, 1 M links.

Die 1. Rd noch 4x wdh.

6. Rd (1. Smok-Rd): 1 M links, * 6 M auf einer Hilfsnd vor die Arbeit legen, den Arbeitsfaden 2x um diese 6 M wickeln, dann die 6 M mustergemäß abstr, 2 M links; ab * fortlaufend wdh bis zur letzten M, 1 M links

7.-11. Rd: Wie die 1. Rd str, die 11. Rd 3 M vor Rd-Ende beenden.

12. Rd (2. Smok-Rd): Die letzten 3 M der Vorrd und die ersten 3 M der neuen Rd auf einer Hilfsnd vor die Arbeit legen, 2x mit dem Arbeitsfaden umwickeln und mustergemäß abstr, 2 M links.

Die 1.-12. Rd bilden den Höhenrapport des Smokmusters und werden stets wiederholt.

Anleitung

1. Handstulpe

64 M mit der Rundstricknd oder dem Ndspiel 2,5-3,0 mm anschl. Die Arbeit zur Rd schließen und den Rd-Beginn mit 1 MM kennzeichnen.

4x die 1.-12. Rd des Smokmusters str, dann die 1.-4. Rd wdh.

Nächste Rd (= 5. Rd des Smokmusters): 21/20 M mustergemäß str, die 22.-29./21.-30. M für das Daumenloch abk, mustergemäß weiterstr bis Rd-Ende.

Nächste Rd (1. Smok-Rd): Mustergemäß str und über den abgeketteten M 8/10 M neu anschl.

Im Smokmuster in der gegebenen Einteilung weiterstr, bis die 1.-12. Rd des Smokmusters insgesamt 5x gestrickt sind.

Die 1.-5. Rd des Smokmusters noch 1x wdh, dann alle M locker mustergemäß abk.

2. Handstulpe

Wie die 1. Handstulpe str, jedoch für das Daumenloch die 4.-11./3.-12. M abk.

Fertigstellen

Alle Fadenenden vernähen. Die Stulpen waschen und den angegebenen Maßen entsprechend spannen (z. B. auf einem Handtuch oder über einem Sockenspanner).

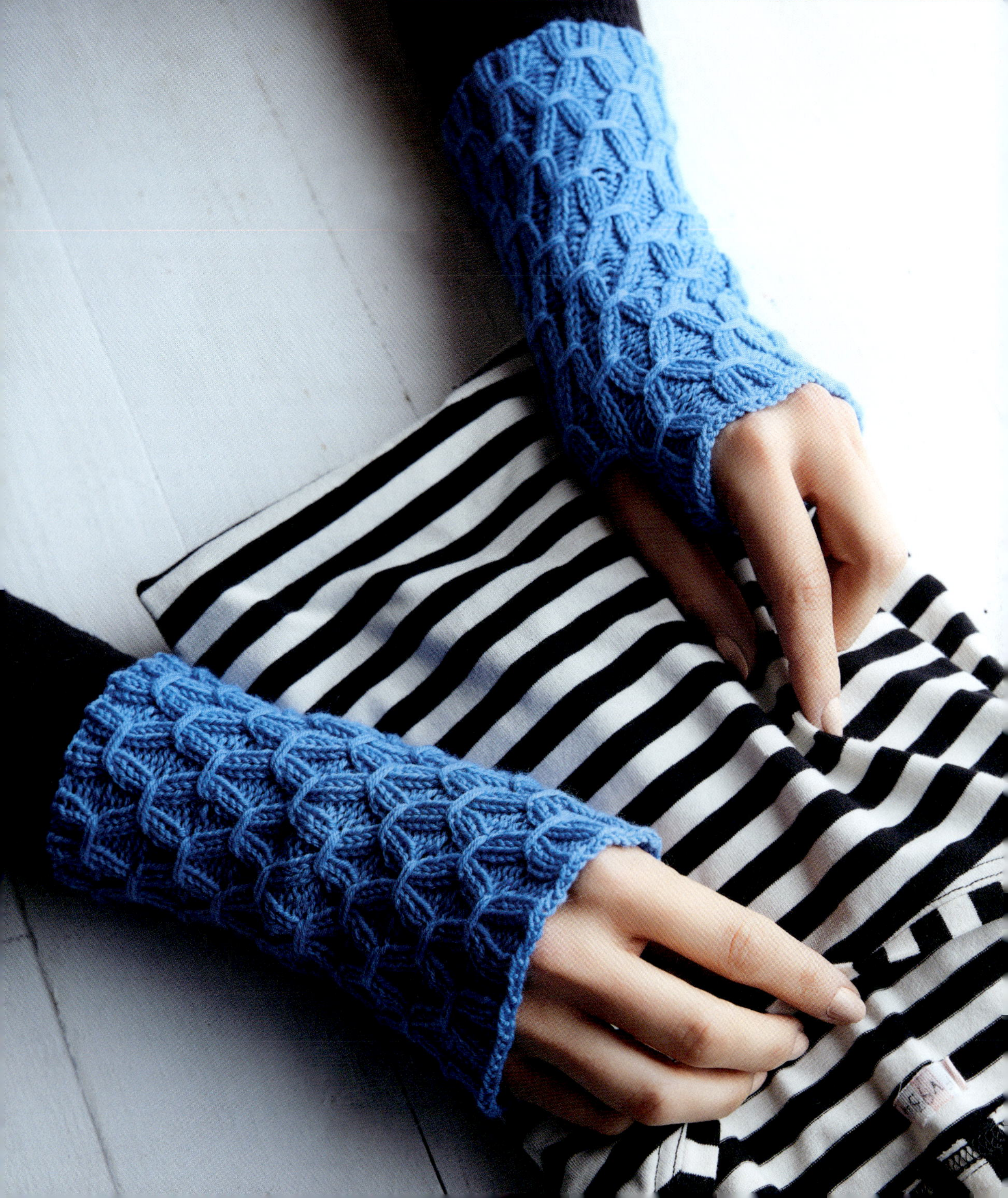

Wavy Lines

Handstulpen mit Farbverlauf

GRÖSSEN

S/M: Umfang ca. 16 cm, Länge ca. 19 cm

M/L: Umfang ca. 18 cm, Länge ca. 19 cm

Die Angaben für Größe S/M stehen vor, für Größe M/L nach dem Schrägstrich. Steht nur eine Angabe, gilt diese für beide Größen.

MATERIAL

- Lang Mille Colori Baby (LL 190 m/50 g) in Petrol-Grau (Fb 845.0088), 50 g
- Rundstricknadel 2,5-3,0 mm, mind. 60 cm lang, oder Nadelspiel 2,5-3,0 mm
- 3 Maschenmarkierer
- Maschenraffer oder Hilfsgarn
- Wollnadel

MASCHENPROBE

Musterrapport
23 M und 22 R = 8 cm

STRICKSCHRIFT

Vorlagenbogen B

Kraus rechts

In Rd 1 Rd linke M und 1 Rd rechte M im Wechsel str.

Wellenmuster

In jeder Rd der Strickschrift str. Die grau hinterlegten M und Rd gelten nur für Größe M/L.
In Größe S/M die 2.-24. M str. Die 2.-12. und die 14.-24. Rd stets wdh.
In Größe M/L die 1.-25. M str und die 1.-24. Rd stets wdh.

Zunahmen mit Links- oder Rechtsneigung

1 ML zunehmen: Um 1 M mit Linksneigung zuzunehmen, mit der linken Nd den Querfaden zwischen der zuletzt gestrickten und der nächsten M von vorn nach hinten aufnehmen und mit der rechten Nd rechts verschränkt abstr.
1 MR zunehmen: Um 1 Masche nach rechts geneigt zuzunehmen, mit der linken Nd den Querfaden zwischen der zuletzt gestrickten und der nächsten M von hinten nach vorn aufnehmen und mit der rechten Nd rechts abstr.

Anleitung

46/50 M mit der Rundstricknd oder dem Ndspiel 2,5-3,0 mm anschl. Die Arbeit zur Rd schließen und den Rd-Beginn mit 1 MM kennzeichnen.
6 Rd kraus rechts str. Dann im Wellenmuster nach der Strickschrift weiterstr und den Rapport von 23/25 M 2x in der Rd arb.
Nach 1 Rapport in der Höhe (= 22/24 Rd) mit den Zunahmen für den Daumen beginnen.

Zunahmen für den Daumen

Nächste Rd (Zunahme-Rd): 22/24 M mustergemäß str, jeweils [1 M rechts, 1 M rechts verschränkt] in die nächsten 2 M str, mustergemäß weiterstr bis Rd-Ende (= 2 M zugenommen).
Nächste Rd: 23/25 M mustergemäß str, MM platzieren, 2 M rechts str, MM platzieren, mustergemäß weiterstr bis Rd-Ende.
Nächste Rd (Zunahme-Rd): Mustergemäß str bis zum 1. MM, MM abh, 1 ML zun, rechte M str bis zum 2. MM, 1 MR zun, MM abh, mustergemäß str bis Rd-Ende.
Mustergemäß weiterstr, dabei die Zunahme-Rd noch 6/7x in jeder 3. Rd wdh (= 16/18 Daumen-M zwischen den MM), über die restlichen M das Wellenmuster in der gegebenen Einteilung weiterführen.
Nach insgesamt 44/49 Rd die Daumen-M abteilen wie folgt:
Nächste Rd: Mustergemäß str bis MM, MM entfernen, die 16/18 Daumen-M auf einem Maschenraffer oder einem Hilfsfaden stilllegen, MM entfernen, 2 M durch Aufschlingen neu anschl, mustergemäß weiterstr bis Rd-Ende (= 46/50 M).

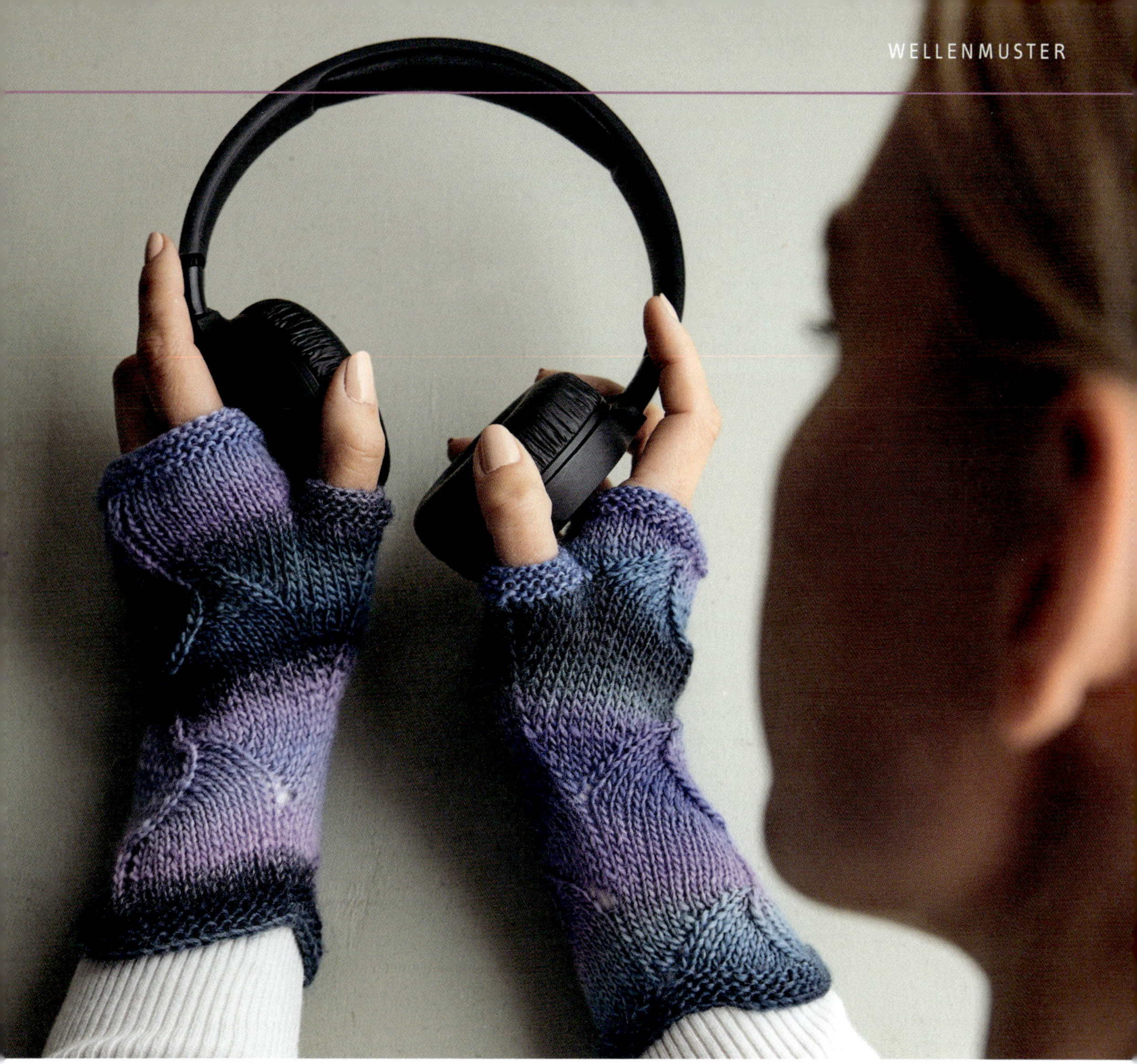

Hand

Mustergemäß weiterstr bis zum Ende des 3. Höhenrapports.
6 Rd kraus rechts str, dann alle M abk.

Daumen

Die 16/18 Daumen-M wieder in Arbeit nehmen und aus den neu angeschlagenen M der Hand 2 M aufnehmen (= 18/20 Daumen-M). Die Arbeit zur Rd schließen und den Rd-Beginn mit 1 MM kennzeichnen.
6 Rd kraus rechts str, dann alle M abk.

Die 2. Stulpe genauso str.

Fertigstellen

Alle Fadenenden vernähen. Die Stulpen waschen und den angegebenen Maßen entsprechend spannen (z. B. auf einem Handtuch oder über einem Sockenspanner).

Mini-Zöpfe

Handstulpen aus Alpakagarn

GRÖSSEN

S/M: Umfang ca. 16 cm, Länge ca. 15 cm

M/L: Umfang ca. 18 cm, Länge ca. 15 cm

Die Stulpen sind besonders dehnbar und passen daher beiden Größen.

MATERIAL

- Regia Premium Alpaca Soft (LL 310 m/100 g) in Petrol (Fb 00069), 100 g
- Rundstricknadel 2,5-3,0 mm, mind. 60 cm lang, oder Nadelspiel 2,5-3,0 mm
- 3 Maschenmarkierer
- Maschenraffer oder Hilfsgarn
- Wollnadel

MASCHENPROBE

Im Fantasierippenmuster mit Nd 2,5-3,0 mm 26 M und 30 Rd = 10 cm x 10 cm

Fantasierippenmuster

M-Zahl teilbar durch 7/8 M

1. Rd: 2 M rechts, * 1 M links, 2 M verkreuzen (= die 2. M auf der linken Nd hinter der 1. M rechts str, dann die 1. M rechts str und beide M von der Nd gleiten lassen), 1 M links, 3/4 M rechts; ab * stets wdh bis 1/2 M vor Rd-Ende, 1/2 M rechts.

Den Rapport von 7/8 M insgesamt 6x innerhalb der Rd arb (= 42/48 M).

Die 1. Rd stets wdh.

Anleitung

42/48 M mit Nd 2,5-3,0 mm anschl. Die Arbeit zur Rd schließen und den Rd-Beginn mit 1 MM kennzeichnen.

16 Rd im Fantasierippenmuster str; in der letzten Rd vor der 21./24. und nach der 23./25. M je 1 MM platzieren.

Zunahmen für den Daumen

Nächste Rd (Zunahme-Rd): Mustergemäß str bis zum 1. MM, MM abheben, 1 M aus dem Querfaden zunehmen, rechte M str bis zum nächsten MM, 1 M aus dem Querfaden zunehmen, MM abheben, mustergemäß weiterstr bis Rd-Ende (= 2 M zugenommen).

Mustergemäß weiterstr, dabei die Zunahme-Rd noch 6/7x in jeder 2. Rd arb (= 17/18 Daumen-M nach der letzten Zunahme-Rd). Die zugenommenen Daumen-M glatt rechts str.

Nach insgesamt 32 Rd im Fantasierippenmuster die Daumen-M abteilen wie folgt: 20/23 M mustergemäß str, die 17/18 Daumen-M auf einem Maschenraffer oder einem Hilfsfaden stilllegen, 3/2 M durch Aufschlingen neu anschl, mustergemäß str bis Rd-Ende (= 42/48 M).

Hand

Mustergemäß in der gegebenen Einteilung weiterstr, bis insgesamt 44 Rd im Fantasierippenmuster gestrickt sind.

Alle M mustergemäß abk.

Daumen

Die 17/18 stillgelegten Daumen-M wieder in Arbeit nehmen und aus den neu angeschlagenen M der Hand 3/2 M aufnehmen. Die Arbeit zur Rd schließen und den Rd-Beginn mit 1 MM kennzeichnen (= 20 M).

Nächste Rd: * 2 M rechts, 2 M links; ab * stets wdh bis Rd-Ende.

Die letzte Rd noch 1x wdh.

Alle M mustergemäß abk.

Die 2. Stulpe genauso str.

Fertigstellen

Alle Fadenenden vernähen. Die Stulpen waschen und den angegebenen Maßen entsprechend spannen (z. B. auf einem Handtuch oder über einem Sockenspanner).

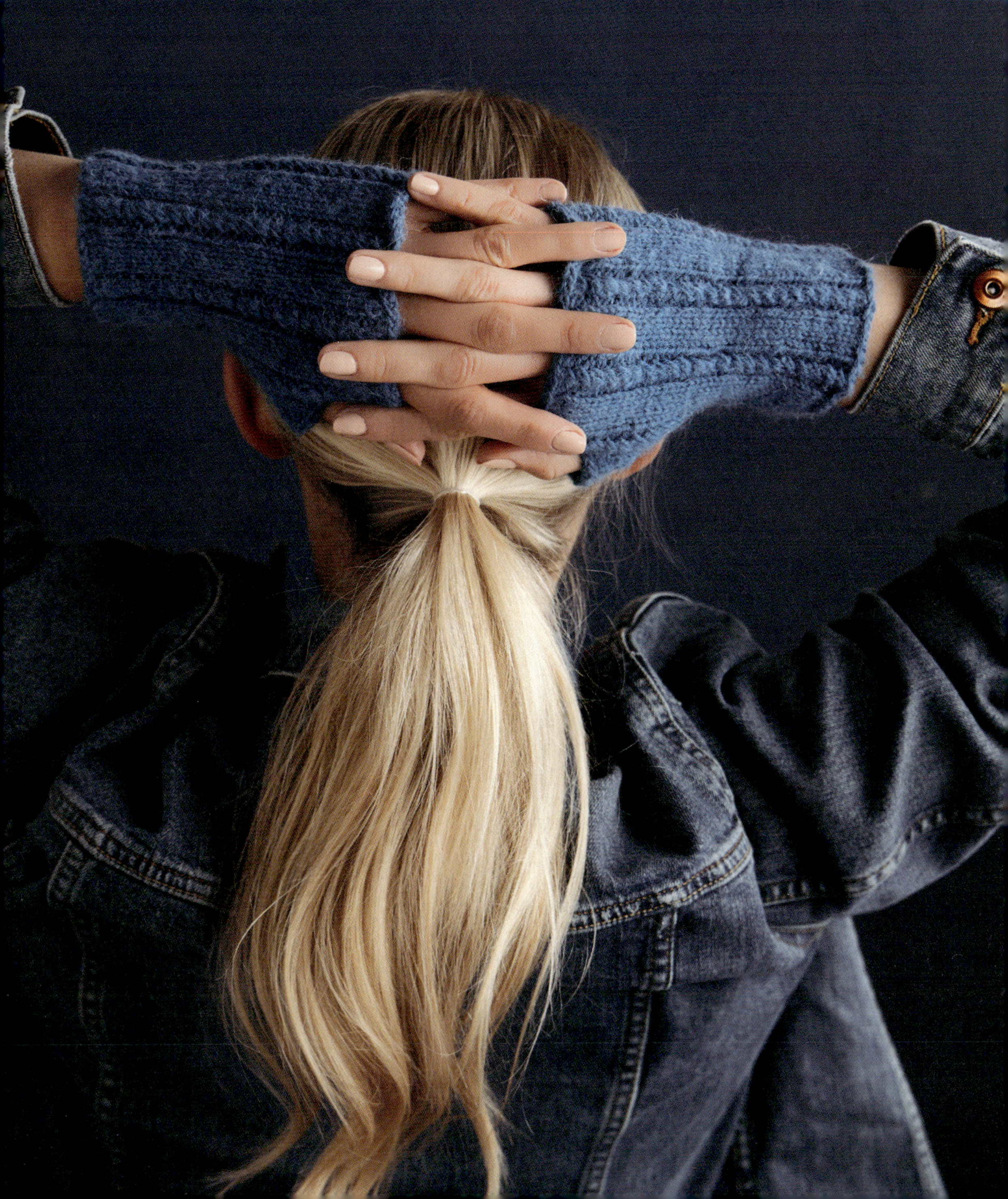

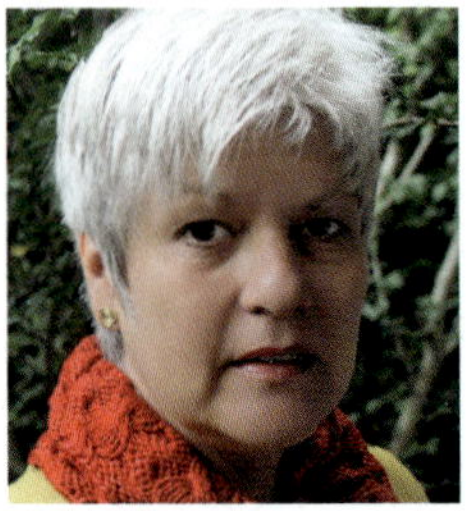

Dagmar Bergk

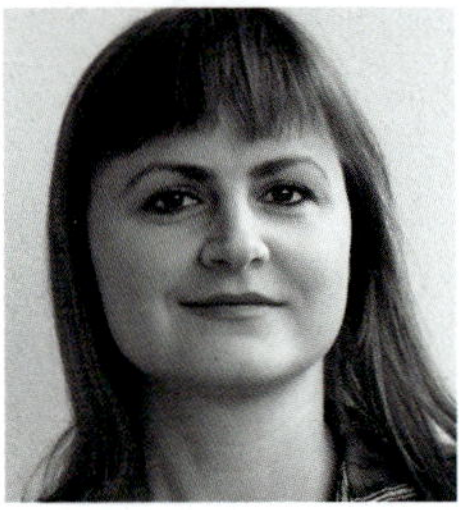

Imke von Nathusius

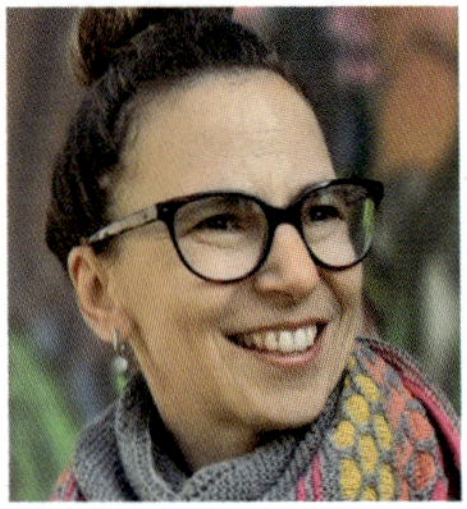

Kristin Joél

DANKE!

Ein herzliches Dankeschön geht an die folgenden Firmen für die Unterstützung bei diesem Buch:

BC Garn / Kremke Handelsgesellschaft mbH
www.soul-wool.com

Buttinette GmbH
www.buttinette.de

Lana Grossa GmbH
www.lana-grossa.de

Lang & Co. AG
www.langyarns.com

MEZ GmbH
www.schachenmayr.de

MIX
Papier | Fördert gute Waldnutzung
FSC® C106600
www.fsc.org

Penguin Random House Verlagsgruppe
FSC® N001967

TOPP – Unsere Servicegarantie

WIR SIND FÜR SIE DA! Bei Fragen zu unserem umfangreichen Programm oder Anregungen freuen wir uns über Ihren Anruf oder Ihre Post. Loben Sie uns, aber scheuen Sie sich auch nicht, Ihre Kritik mitzuteilen – sie hilft uns, ständig besser zu werden.

Bei Fragen zu einzelnen Materialien oder Techniken wenden Sie sich bitte an unseren Kreativservice, Frau Erika Noll.

mail@kreativ-service.info
Telefon 07 11/12 37 57 20

Das Produktmanagement erreichen Sie unter:

pm@frechverlag.de
oder:
frechverlag
Produktmanagement
Dieselstraße 5
70839 Gerlingen
Telefon 07 11/8 30 86 68

LERNEN SIE UNS BESSER KENNEN! Fragen Sie Ihren Hobbyfach- oder Buchhändler nach unserem kostenlosen Magazin **Meine kreative Welt**. Darin entdecken Sie dreimal im Jahr die neuesten Kreativtrends und interessantesten Buchneuheiten.

Oder besuchen Sie uns im Internet! Unter **www.topp-kreativ.de** können Sie sich über unser umfangreiches Buchprogramm informieren, unsere Autoren kennenlernen sowie aktuelle Highlights und neue Kreativtechniken entdecken, kurz – die ganze Welt der Kreativität.

Kreativ immer up to date sind Sie mit unserem monatlichen **Newsletter**. Für aktuelle Infos, Gratis-Anleitungen und Gewinnspiele gleich anmelden unter **www.TOPP-kreativ.de/Newsletter**

IMPRESSUM

MODELLE: Dagmar Bergk (Seite 18, 20, 22, 34, 36, 38, 40, 42, 44, 46), Imke von Nathusius (S. 4, 8, 10, 24, 26, 28, 30, 32) und Kristin Joél (S. 2, 6, 12, 14, 16)
FOTOS: frechverlag GmbH, 70839 Gerlingen; lichtpunkt, Michael Ruder, Stuttgart
PRODUKTMANAGEMENT: Jessica Josephine Cremer
LEKTORAT: Helene Weinold, Violau
COVER: Melanie Hermann
GESTALTUNG: Petra Theilfarth
DRUCK: DZS Grafik, Slowenien

3. Auflage 2025

ISBN 978-3-7358-7068-1 • Best.-Nr. 27068